Saúde + Saudável

Dr. Rubens Cascapera Jr.

Colaboração

Drª Joely Pucci

Saúde mais Saudável

Viva mais e melhor

InteLítera
EDITORA
Literatura Inteligente

Editores: *Luiz Saegusa e Claudia Saegusa*
Capa: *Thamara Fraga*
Projeto Gráfico e diagramação: *Ricardo Nozaki | Casa de Ideias*
Revisão: *Rosemarie Giudilli Cordioli*
1ª Edição: 2012
Impresso no Brasil | *Printed in Brazil*

Dados Internacionais de Catalogação na Publicação (CIP)
(Câmara Brasileira do Livro, SP, Brasil)

Cascapera Junior, Rubens
Saúde mais saudável : viva mais e melhor /
Rubens Cascapera Junior. -- 1. ed. -- São Paulo :
Intelítera Editora, 2012.

1. Doenças - Tratamento 2. Espiritualidade
3. Saúde - Promoção 4. Saúde emocional 5. Saúde
física 6. Saúde mental I. Título.

12-06716 CDD-613

Índice para catálogo sistemático

1. Saúde integral : Promoção 613
ISBN: 978-85-63808-18-9

IntelÍtera EDITORA
Literatura Inteligente

Rua Lucrécia Maciel, 39 – Vila Guarani
CEP 04314-130 – São Paulo – SP
11 2369-5377
www.intelitera.com.br
@intelitera facebook.com/intelitera

Sumário

Agradecimentos

Agradecer, ser agradável a quem nos foi agradável!

Ao meu Mentor Espiritual, quem tem muita paciência comigo!

Ao meu Mestre, meu Pai Espiritual nesta encarnação – Dr. Reynaldo Leite que me ajudou a ser quem eu sou.

Aos meus pais que tiveram a coragem de me trazer a este mundo e me colocarem no caminho mais conveniente.

À minha esposa Drª. Joely Pucci, que me alegrou com seu capítulo a respeito de nutrição.

Às minhas amigas que me ajudaram a escrever este livro, Daniela Reis e Cynthia Dalvia da Facto Comunicação Integrada.

Aos meus pacientes, fonte de estudo permanente.

À direção da Intelítera Editora – Luiz e Claudia pela coragem e ousadia de apostar neste livro.

Às minhas experiências pessoais trazidas pelo meu Espírito para que possa continuar evoluindo.

Gratidão ao amigo e ilustre autor de vários livros, pela paciência de prefaciar este livro, que eu possa me espelhar em sua disciplina e persistência, obrigado Dr. De Lucca.

Às outras pessoas que com certeza colaboraram comigo e que estou esquecendo neste momento, recebam meu agradecimento...

Prefácio

Prefaciar este livro do Dr. Rubens Cascapera Jr. me foi uma atividade muito prazerosa. Conheço o Dr. Rubens há mais de quinze anos e dele tive a honra de receber o prefácio de meu primeiro livro, *Sem Medo de Ser Feliz* publicado em 1.999. Agora a vida me concede a oportunidade de prefaciar seu primeiro livro, cujas páginas eu li com ávido interesse.

Tenho certeza de que o leitor apreciará as abordagens inteligentes que o livro apresenta, sobretudo porque o Dr. Rubens escreve não somente como estudioso da área médica, mas também como atento observador das queixas que lhe chegam diariamente ao consultório, as quais ele registra com sua mente aguçada e com seu coração sensível. Rubens é um médico de homens e de almas, posso afiançar isso com absoluta segurança.

E o livro vem com esta característica do seu autor, o que muito me agradou, porque a síntese da saúde perfeita se dá na combinação entre os cuidados do corpo e os cuidados do espírito. Os materialistas somente se preocupam com o corpo, e assim dificilmente encontram a saúde integral porque ignoram que, em muitas doenças, é a alma quem está doente, sendo o corpo mero reflexo das sombras interiores.

A propósito, o Dr. Rubens aborda o pioneiro trabalho do médico alemão Ryke Hamer a respeito dos efeitos dos conflitos emocionais no surgimento do câncer, ficando evidente que, além dos tratamentos convencionais, o paciente portador de câncer precisa resolver seus dramas íntimos, a fim de que estes não continuem estampando no corpo os conflitos não resolvidos na alma.

Muitos espiritualistas, no entanto, exageram e acreditam que tudo é fruto dos desarranjos do espírito, e esquecem os cuidados básicos com o corpo, e por isso também adoecem amiúde apesar das práticas espirituais a que se dedicam. Neste aspecto, Dr. Rubens dá especial destaque aos cuidados básicos com o corpo por meio de exercícios físicos, alimentação adequada e do sono reparador. Entusiasmei-me com as sugestões práticas que ele oferece ao leitor, bem ao estilo de sua personalidade pragmática e dinâmica.

Tenho certeza de que ao seguirmos as prescrições médicas que o livro apresenta, evitaremos muitas visitas desnecessárias aos consultórios médicos, porque, segundo aprendi nesta obra, a saúde está muito mais em nossas mãos do que nas mãos dos discípulos de Hipócrates.

Abra este livro, caro leitor, e você aprenderá com o Dr. Rubens Cascapera Jr. como ter uma saúde mais saudável.

José Carlos De Lucca.
Escritor, Orador e Juiz de Direito

Apresentação

A medicina não é uma ciência exata, ela se revela na intensidade das mudanças do ser humano, por isso este livro provavelmente será passageiro, como todo ser o é.

As doenças ditas funcionais, consideradas quase 60% de todos os sintomas, são órfãs de especialidades médicas na medicina convencional, pois essa trata patologias e não promoção de saúde, fato esse que traz a maioria dos conflitos entre as linhas de terapias ditas convencionais e complementares.

Ter outra visão de uma mesma situação pode trazer solução e nesse caso saúde mais "saudável", e com menos efeitos colaterais.

A depressão não existe, o câncer é um mensageiro ruim, que pode trazer coisas boas, comer mais para emagrecer, hormônios para viver melhor e mais tempo, tratar o que os exames não mostram, doenças autoimunes podem não existir, por isso são curáveis, estresse como algo bioquímico e hormonal e não psicológico, perdoar é ser egoísta, ansiedade como fator bioquímico, o Espiritual como alicerce e o espiritual como veneno são propostas ousadas e paradoxais que farão você pensar e decidir mais conscientemente a sua vida.

Abra sua mente e seja bem-vindo!

Introdução

Após 30 anos de formado, passei por incontáveis experiências em minha profissão, mas a que mais me marcou foi quando o doente era eu mesmo!

Após uma situação renovadora em minha vida que muito me ajudou a evoluir, entrei em séria depressão, com praticamente todos os sintomas que esse quadro impregna no ser humano.

Claro que hoje sei que o processo foi necessário para meu crescimento, mas não foi isso que eu via na ocasião, por isso me levei a um quadro depressivo!

Na ocasião apliquei os modelos que vinha trabalhando com meus pacientes, muito menos do que tenho de conhecimento hoje, mas a mudança principal foi a constatação da falta de energia que me colocava em sintomas agudos, tanto orgânicos, quanto emocionais e principalmente Espirituais.

Com as mudanças que realizei consegui me curar completamente. Com essa experiência pessoal, em que minha doença serviu como mestre, eu iniciei uma nova proposta de abordagem acerca das patologias funcionais, isto é, que não aparecem em exames, e após 10 anos tive vontade de passar esses conhecimentos por meio deste livro.

O interessante foi que nas entrevistas com minhas auxiliares na escrita do livro, surgiram novas abordagens a respeito de inúmeras doenças e novidades na área médica, por isso te convido para abrir a mente e ler algo de um médico que conhece a doença também de outro ângulo!

1ª Parte
Nível Físico

Capítulo 01

Nos braços de Morfeu

Adormecimento, relaxamento dos sentidos, repouso natural... As definições acerca do sono são as mais diversas ao longo da História da Humanidade. A mitologia grega já nos mostra sua importância a partir de Hipnos, Deus do sono, que distribuía o repouso benéfico e reparador entre os homens. Segundo as crenças dos estudiosos, seu palácio ficava em uma região de escuridão perpétua, em uma caverna com jardins adornados de papoulas, flor de grande prestígio entre os médicos da Grécia antiga para curar a insônia.

Filho de Hipnos, Morfeu é o Deus dos sonhos, que tinha a habilidade de assumir formas humanas e aparecer nos sonhos dos mortais na pele de suas pessoas mais caras. Seu nome significa "aquele que forma, que molda", daí sua característica que habita os sonhos dos humanos e a derivação do nome da droga morfina, que proporciona sonolência e efeitos análogos aos sonhos. Também vem daí a popular expressão *nos braços de Morfeu*, referindo-se ao fato de dormir profundamente e ter bons sonhos.

A despeito da importante função dos sonhos na Mitologia e no Folclore dos mais diferentes povos, o sono é um estado ordinário de consciência, complementar ao da vigília, em que perdemos a percepção consciente e repousamos. Durante o sono, há uma modificação do padrão de ondas cerebrais típico do estado de vigília e de outros estados de consciência.

Suas funções no organismo estão essencialmente atreladas à ***conservação de energia***. Além de descarregar tensões, o sono também permite a atividade onírica (sonhos), um fator fundamental para a saúde psíquica do homem.

Deuses e demônios

Na verdade, os sonhos já representavam objeto de estudo por parte dos povos da Antiguidade Clássica, período em que eram relacionados a deuses e demônios e até mesmo ligados a habilidades de premonição. Com o tempo e o avanço dos estudos acerca do tema, os sonhos começaram a ser entendidos como frutos da experiência real e formas de projeções das memórias e pensamentos das pessoas.

O pai da psicanálise, Sigmund Freud, classificou o sonho como *a estrada real que conduz ao inconsciente* em sua obra-prima **A Interpretação dos**

Sonhos, que se tornou o ponto de apoio para todo o desenvolvimento posterior de seu trabalho. Assim, a interpretação dos sonhos passou a ser compreendida como reveladora de conteúdos mentais, pensamentos, dados e experiências que foram reprimidos e enviados para o inconsciente.

O fato é que uma das maiores fontes de energia natural que o ser humano tem sem fazer muito esforço é o sono. Após uma noite bem dormida, conseguimos repor nossas energias e nos preparar para mais um dia.

Ao observarmos alguém dormindo, imaginamos o impenetrável e por um longo período o sono foi visto dessa forma. Foi a partir de um exame chamado polissonografia, que foi permitido ao homem compreender um pouquinho mais a arquitetura do sono e seus estágios.

Os primeiros estágios são chamados de SOL (*sono de ondas lentas*). São os mais profundos, que ocorrem mais na primeira metade da noite. Por isso que é tão difícil acordar alguém que adormeceu há pouco tempo.

Logo depois vem o que chamamos de sono REM (*rapid eye movements* ou, em português, *movimento rápido dos olhos*). Trata-se do período dos sonhos, que podem inclusive ser mais longos. Essa é a justificativa para o fato de lembrarmos sempre com mais facilidade de nossos sonhos da manhã.

É nessa etapa do sono, o REM, que ocorre o processamento dos aprendizados do dia. É aí que cristalizamos e transformamos em conhecimento tudo aquilo que aprendemos. É no sono REM que ocorre o pico da atividade cerebral, quando sonhamos. O relaxamento muscular atinge seu ponto máximo quando diminuem as frequências cardíaca e respiratória.

Processos metabólicos

Mais do que uma necessidade de descanso mental e físico, o ato de dormir contribui para a boa saúde, uma vez que durante o sono ocorrem vários processos metabólicos. O fato de não dormir bem pode, portanto, alterar o equilíbrio do organismo, gerando fadiga, envelhecimento precoce, além da propensão a uma série de doenças.

> **! Importante**
>
> O fato de não dormir bem pode, portanto, alterar o equilíbrio do organismo, gerando fadiga, envelhecimento precoce, além da propensão a uma série de doenças.

A privação do sono por longos períodos de tempo tem a capacidade de comprometer a saúde, já que alguns hormônios importantes são produzidos justamente no sono da noite. O hormônio do crescimento GH é um deles. A leptina, hormônio responsável pela sensação de saciedade é outro. Nesse caso, a consequência direta é a maior necessidade de comer carboidratos simples e, consequentemente, o aumento de peso.

A falta de sono também inibe a produção de insulina (hormônio que retira o açúcar do sangue) pelo pâncreas, o que pode levar a uma série de problemas, incluindo o desenvolvimento do diabete. É durante a noite, portanto, que são produzidos alguns hormônios fundamentais para a saúde, daí a importância de se levar ao pé da letra a expressão "uma boa noite de sono".

De maneira geral, o sono pode ser dividido em cinco fases. Na primeira (sonolência), ocorre a liberação da melatonina, o hormônio responsável pela regulação do sono. Na segunda, os ritmos cardíaco e respiratório diminuem, os músculos relaxam e a temperatura corporal cai. Na terceira e quarta fases há o pico da liberação do GH e da leptina (importante hormônio produzido no intestino que interfere na saciedade). Na quinta fase, o cortisol começa a ser liberado (sono profundo) até atingir seu pico, no início da manhã.

Quando não dormimos bem, temos grande perda de energia. Se esse fenômeno perdura por muito tempo, a saúde paga um preço alto. Grande queixa de boa parte da população, a insônia pode ser tanto a dificuldade de iniciar o sono, quanto de mantê-lo, ou mesmo a percepção de sono não reparador.

A maioria dos insones reúne o mesmo conjunto de sintomas: fadiga, irritabilidade, ardência nos olhos, ansiedade, dificuldades de atenção e memória, e, é claro, sonolência. Há até quem compare o sono ruim, ou as noites insones a uma embriaguez, e, como em toda embriaguez, a coordenação motora e a concentração ficam comprometidas.

A média da população adulta necessita de 7 a 8 horas de sono diárias. Falando em crianças, é especialmente importante que seja respeitado um período de 9 a 11 horas de sono por conta do aprendizado, do crescimento e da concentração.

Em busca do tesouro

Dormir bem é a melhor forma de recuperar o corpo e a mente dos desgastes sofridos ao longo do dia, proporcionando uma trégua revigorante e preparatória para o próximo dia que está por vir. O bom sono afasta o mau humor e evita o stress, contribuindo para a qualidade de vida. É como um mergulho dentro de nós mesmos, uma necessidade de desligamento das amarras da vigília e exploração livre do nosso subconsciente. Os mergulhadores profissionais sabem que, para buscar um tesouro, é preciso ir devagar e bem fundo. A volta também deve ser lenta e cuidadosa. Para buscar o tesouro da energia é preciso dormir bem, dormir fundo, sonhar.

Hoje sabemos que a dificuldade dos mais idosos em dormir se deve à menor produção de melatonina, o hormônio do sono. Da mesma maneira que o organismo não produz, na mesma quantidade, os hormônios sexuais com o decorrer da idade, causando a menopausa e a andropausa, temos no caso do sono a melatopausa, ou seja, a falta de produção adequada do hormônio do sono. Os estudos da medicina do envelhecimento propõem a modulação desse hormônio para que o indivíduo possa restabelecer as energias vitais de forma natural.

Uma análise criteriosa do sono poderá ajudar em diagnósticos de patologias tais quais: a depressão ou a ansiedade crônicas. A polissonografia analisa os microdespertares, que podem acontecer durante a noite sem que o indivíduo que dorme perceba, trazendo consequências durante o dia tais como: irritabilidade, mau humor, sonolência (muitos acidentes de trânsito acontecem por se dormir ao volante) fotofobia (não se tolera a luz), dores generalizadas, enxaquecas crônicas, etc.

O ronco é outra situação que pode ser a causa de um sono irregular. Alterações na arcada dentária ou alergias respiratórias (congestão nasal) devem ser investigadas com seu dentista e seu otorrino! Muitos casamentos acabam por causa do ronco!

Dicas do autor

Dicas para dormir melhor:

- Jamais tire do sono o tempo que lhe falta. Gerenciar a energia é uma obrigação de todos que desejam ter uma boa saúde.
- À noite, prefira alimentos leves, de fácil digestão. Evite cafeína e outras bebidas estimulantes, assim como a nicotina e o álcool. Esses são ricos em xantina, substância que estimula o sistema nervoso central.
- Conserve seu quarto um local calmo, limpo, arejado e organizado.
- Deixe seu quarto o mais escuro e silencioso possível. Cortinas que impeçam a entrada de luz, aparelhos eletrônicos retirados das tomadas; abajures e outras pequenas luzes devem estar totalmente apagados. Quantidades de luz percebidas pelo nosso corpo (através da retina, por exemplo) prejudicam a produção do hormônio do sono, pela glândula pineal.
- Procure manter a privacidade no seu quarto, evitando a circulação de pessoas de fora da casa nesse ambiente.
- Selecione o tipo de leitura que você faz na cama, antes de dormir. A leitura de contratos, processos ou livros «pesados» pode atrapalhar o sono.
- Filmes excitantes na televisão prejudicam a produção dos hormônios que ajudam a relaxar para dormir melhor.
- Ouça uma música relaxante.

Capítulo 02

Mexa-se!

Quem nunca tomou a decisão cômoda de ir de carro à padaria que fica no próximo quarteirão... Que atire a primeira pedra. Como tudo na vida, as comodidades proporcionadas pelos tempos modernos também têm seu lado negativo. O controle remoto, o elevador, o automóvel. São muitas as maneiras de tornar a vida mais prática, rápida e com o menor esforço possível. Aliados ao corre-corre diário, estes recursos contribuem para um fenômeno que cresce assustadoramente em todo o mundo – o sedentarismo.

Como consequência, observa-se aumento da obesidade, o que se relaciona pelo menos em parte à falta da prática de atividades físicas. Aliás, o estilo de vida pode ser responsabilizado por boa parte do risco de infarto ou derrame cerebral, as principais causas de morte em nosso País. Cada vez mais, o tempo livre é passado assistindo-se à televisão, usando-se computadores ou se jogando vídeo games.

Crianças, jovens, adultos e idosos se rendem às maravilhas da modernidade, muitas vezes se esquecendo da importância da prática de exercícios físicos, hoje compreendida como uma questão de saúde pública.

De maneira geral, a atividade física é definida como um conjunto de ações corporais em busca de alterações do organismo, resultando em consideráveis benefícios à saúde.

Essa preocupação com o físico perdura através dos séculos, com as mais variadas tendências. Tão importante quanto seu legado cultural, a Grécia Antiga deixou para a Humanidade o desenvolvimento do esporte. Até então, os exercícios executados pelo homem eram involuntários, por conta da caça e da agricultura, atividades sempre voltadas à sobrevivência. Os gregos sistematizaram a prática de exercícios basicamente com duas finalidades: o culto ao corpo e a resistência para as guerras.

Busca pela perfeição

O lema do atletismo "mais rápido, mais alto e mais forte" (*citius, altius e fortius*) surgiu na Grécia, para o desenvolvimento de habilidades e aptidões físicas. A civilização grega buscava a perfeição tanto no aspecto estético, quanto no intelecto, dando igual importância às duas partes do homem.

A natureza bélica da mitologia se relacionava intimamente com o culto ao corpo, já que a prática dos exercícios físicos era capaz de manter os indivíduos preparados para as guerras, o que acabou dando origem aos Jogos Olímpicos. A palavra "ginástica" também tem a sua origem do grego *gymnádzein*, que significa "treinar" e, em sentido literal, "exercitar-se nu", a forma como os gregos praticavam os exercícios. A ginástica ganhou força na Grécia e também importância na sociedade.

Para os gregos, a educação física cultivava o corpo vivo, assim como uma escultura. Desta forma, o esporte teve sua influência sobre a formação do homem grego.

Séculos se passaram e a preocupação com a forma física perdurou entre os povos. Já em nossos tempos, primeiramente a questão ganhou importância pelos exercícios com finalidade estética. Alcançar a boa forma – ter o corpo moldado e bonito consistia, até pouco tempo, nos principais objetivos de quem praticava algum tipo de esporte. Com o tempo, as pessoas começaram a ver outros benefícios da atividade física, que oferece saúde e é uma fonte de prazer para o homem. Ao mesmo tempo, a modernidade e a tecnologia continuam deixando a vida cada vez mais prática, aumentando assim o sedentarismo.

Embora já exista uma consciência quanto à importância da atividade física, o caminho da teoria à prática ainda é longo e sinuoso. Muita gente permanece seduzida somente pelas invenções que tornam a vida cada vez mais automatizada e, portanto, sujeita às doenças da modernidade.

A capacidade física do indivíduo está diretamente relacionada à sua energia. Nos atletas, a capacidade física é medida pelo grau de flexibilidade, resistência, força e velocidade, o que também se aplica às pessoas comuns que praticam exercícios.

Parece até paradoxal, mas quanto mais se gasta energia em exercícios físicos moderados e sistematizados, mais se ganha energia simplesmente por colocar o corpo em movimento.

Mudança de Hábito

Uma pequena mudança nos hábitos pode provocar melhora considerável na saúde e na qualidade de vida. Para isso, basta mudar a rotina e criar disciplina de, por exemplo, caminhar durante meia hora por três vezes na semana. Caso não haja condições para essa mudança, o simples fato de começar a utilizar as escadas ao invés do elevador, fazer pequenas caminhadas para objetivos simples como ir à farmácia ou à padaria são atitudes que ajudam, iniciando o hábito de movimentar o corpo.

Como consequência, podemos observar a perda de peso e da porcentagem de gordura corporal, redução da pressão arterial em repouso, melhora do diabete, diminuição do colesterol total e aumento do HDL – colesterol, o popularmente conhecido "colesterol bom". Todos esses benefícios auxiliam na busca por uma boa saúde, na prevenção e no controle de doenças. Além disso, a atividade física auxilia na melhora da força e do tônus muscular, aumenta a flexibilidade, fortalece ossos e articulações.

Se considerarmos a saúde mental, a prática de exercícios funciona como um tranquilizante natural, ajuda na regulação das substâncias relacionadas ao sistema nervoso, aumenta o fluxo de sangue para o cérebro, ampliando assim a capacidade de enfrentar os problemas do dia a dia.

A atividade física auxilia também na manutenção da abstinência de drogas e na recuperação da autoestima, reduzindo a ansiedade e ajudando no tratamento da depressão.

O exercício promove ainda a produção de algumas substâncias importantes pelo organismo, tais quais:

- **LDL** – responsável por transportar o colesterol e os triglicerídeos, (tais quais as endorfinas, substâncias "primas" da morfina que ao serem produzidas pelo próprio organismo são relaxantes e ajudam a diminuir as dores do corpo). Mas, considerando-se que também são "drogas", explicam por que muitas pessoas exageram nos exercícios, pois cada vez precisam fazer mais (força, corrida, natação, etc.) para conseguir um pouco de endorfina, ou seja, são viciados em esporte!

- **Catecolaminas** – compostos químicos que auxiliam no controle de situações de stress.
- **Serotonina** – neurotransmissor que atua na regulação do ritmo cardíaco, do sono e do apetite, entre outras, além de eliminar substâncias negativas e melhorar todo o sistema cardiovascular.

No caso dos diabéticos, a atividade física leva à queima de açúcar, catalisando a insulina, isto é, ajudando a insulina a carregar o açúcar para dentro da célula, melhorando a "resistência insulínica" um grande problema hoje em dia, que explicaremos mais adiante no capítulo das doenças!

Escolha certa

A escolha da melhor atividade física é uma questão de preferência pessoal. Afinal, os benefícios são conseguidos com a prática regular do exercício, e sua continuidade depende também do prazer que cada um sente em realizá-lo. Não adianta indicar uma atividade na qual a pessoa não se sinta bem praticando, daí o conselho de iniciar devagar, com caminhadas de meia hora algumas vezes na semana.

No caso de crianças e jovens, além da aquisição de habilidades psicomotoras, a atividade física ajuda no desenvolvimento intelectual e também no convívio social. Para os idosos, o exercício aumenta a capacidade cardiovascular. Dessa forma, promove mudanças corporais, melhora a autoestima, a autoconfiança e a afetividade, aumentando a socialização.

Para as gestantes, o exercício também é indicado não só para o bem-estar da mãe, mas também para a preparação do parto, trabalho da musculatura e controle da respiração. Em qualquer circunstância, é recomendável uma avaliação médica antes do início dos exercícios, o que ajudará inclusive na escolha pela melhor opção de atividade.

Além de todas essas vantagens, os exercícios físicos afetam de maneira positiva o desempenho intelectual, o raciocínio e a velocidade de reação. Praticados ao ar livre, proporcionam bem-estar, oferecem verdadeiro impulso energético ao organismo e melhoram a disposição.

Para praticá-los, não é necessário se associar a clubes ou se matricular em academias. Basta olhar ao redor e você verá imensas opções de treinamento, como pistas de corrida e caminhos para pedalar e praias para nadar. Basta ter uma dose de vontade e algumas doses de disciplina. O custo é zero e os benefícios são imensos. A grande verdade é que não há desculpas para não praticar atividades físicas, nem fórmula mágica para gerar energia, mas sim esforço consciente e disposição.

Voltando às olimpíadas, é válido lembrar que a ambição pela vitória sempre esteve presente, o que mobilizava competições até mesmo em períodos de guerras. Aos vencedores era dada uma palma ou coroa de oliveira e o reconhecimento de todos. Façamos como os gregos e lutemos pela vitória com o prêmio máximo da saúde, do bem-estar e da qualidade de vida.

Novas pesquisas têm demonstrado que exercícios moderados são mais eficientes do que exercícios radicais ou muito extenuantes, que trazem mais perigo cardiovascular e lesões articulares. Caminhar 30 minutos por 3 a 4 vezes por semana já está muito bom para quem não faz nada (nem natação!!).

Outra dica importante é que quando você está vivenciando um quadro de desequilíbrio hormonal, ou mesmo com subnutrição, não tem "forças" para se dedicar a qualquer exercício, por isso em minha prática diária, como médico, não mando ninguém fazer exercício, até que a própria pessoa, sentindo-se melhor, sinta disposição e vontade de praticá-los!

Dicas do autor

Dicas para a prática adequada de atividades físicas:

- Pratique atividades que gerem prazer.
- Inicie as atividades lenta e gradualmente.
- Respeite seus limites.
- Procure se hidratar, ingerindo líquido durante a prática.
- Use roupas e calçados adequados às atividades físicas.
- Procure seu médico antes de iniciar a prática de exercícios e mantenha-o informado a respeito de qualquer sintoma.

Capítulo 03

Nossos grandes mensageiros

"Quem não se comunica, se trumbica", já dizia o Velho Guerreiro, famoso pelas frases antológicas recorrentes em *A Discoteca do Chacrinha*, programa de auditório que entrou para a História da Televisão Brasileira. Em sua simplicidade, o apresentador que popularizou o ditado nem imaginava a profundidade da expressão. Realmente, comunicação é tudo, a começar de nós mesmos, de nosso próprio equilíbrio fisiológico.

Nesse sentido, os grandes comunicadores do organismo são os hormônios, verdadeiros mensageiros químicos que coordenam atividades de várias partes do corpo. A denominação é originária da palavra grega *hormao*, que quer dizer "eu estimulo". Por aí fica mais fácil entender que os hormônios influenciam a maneira como o organismo utiliza e armazena a energia, pois eles aumentam a velocidade dos processos de oxidação e de liberação de energia nas células do corpo.

Diante de baixas taxas hormonais, por exemplo, o corpo perde comunicação e o metabolismo entra em um processo mais lento, perdendo energia. O mecanismo funciona mais ou menos como um carro parado na garagem. Quanto mais o veículo anda, melhor funciona. Se permanecer parado, começará a dar problemas mecânicos.

Na prática, os hormônios formam um conjunto heterogêneo de substâncias, com alto poder de difusão e capacidade de atuar em quantidades mínimas. Isto significa que quantidades muito pequenas de hormônios podem desencadear respostas muito grandes no organismo.

Os exemplos são milenares. Os tão conhecidos esteroides – utilizados até hoje em doses antifisiológicas – foram descobertos sem querer, na Grécia Antiga, por atletas em busca de melhores resultados em seus treinamentos e competições. Os esportistas da época perceberam que quando ingeriam testículo de carneiro (fonte de testosterona), melhoravam sua força e obtinham explosão muscular mais significativa.

A explicação para esse resultado somente foi conhecida depois, com os avanços das pesquisas e da medicina. Também conhecidos como anabolizantes, os esteroides são hormônios que proporcionam o crescimento celular, com o desenvolvimento de diversos tipos de tecidos, especialmente o muscular e o ósseo.

Muitas substâncias sintéticas semelhantes ao hormônio sexual masculino, a testosterona, são utilizadas por atletas até os dias atuais, para a melhora do seu desempenho e aparência estética, a despeito dos graves efeitos colaterais descobertos anos mais tarde.

Estudos mais recentes, inclusive, conseguiram detectar os níveis necessários para que o corpo funcione de modo adequado, ou seja, de maneira fisiológica, o que significa ser possível a utilização de esteroides evitando efeitos nocivos.

Mas nem é preciso ir tão longe, na História da Humanidade, para exemplificar a importância dos hormônios em nossa vida. No processo de formação embrionária, são os hormônios os responsáveis pela estrutura de diversos órgãos, repercutindo na definição do sexo do bebê.

Os denominados esteroides são a testosterona produzida no testículo (principal representante dos hormônios "androgênicos") e o estradiol produzido no ovário (principal representante dos hormônios "estrogênicos"). Em etapa precoce da vida embrionária, que se inicia na sexta semana gestacional, fatores genéticos e hormonais interferem na diferenciação do aparelho genital.

Após a definição do sexo ainda no período embrionário, os hormônios voltam a se fazer notar na adolescência, quando os meninos viram homens e as meninas, mulheres. O aumento na quantidade de hormônios sexuais se traduz em uma grande transformação física e emocional.

Os hormônios sexuais, na verdade, desempenham papéis importantes na fisiologia da vida diária, que vão desde a distribuição de pelos no corpo até características de temperamento. São os hormônios que modelam o corpo de adulto, deixando-o apto à reprodução e gerando grandes mudanças na vida dos jovens.

Funções e finalidades

Os hormônios controlam a função de órgãos e têm finalidades específicas. São responsáveis pelo crescimento, pela reprodução, pelas características sexuais e também por outros fatores, como por exemplo, as concentrações de sal e de açúcar no sangue. Possuem função reguladora, integrando os diversos sistemas do organismo.

O sistema endócrino é o conjunto de órgãos que apresenta como atividade a produção dos hormônios, que são lançados na corrente sanguínea. Para a regulação das funções corporais interagem os sistemas endócrino e nervoso.

Alguns dos principais órgãos produtores de hormônios no homem são: a hipófise, o hipotálamo, a tireoide, as paratireoides, as suprarrenais, o pâncreas e as gônadas.

A hipófise produz hormônios que atuam sobre outras glândulas endócrinas, controlando a secreção de hormônios com atuação no crescimento, alongamento dos ossos, utilização de gorduras e inibição da captação de glicose pelas células.

O hipotálamo fica localizado no cérebro e, entre outras funções, secreta os hormônios responsáveis pelo controle do comportamento sexual, atuando tanto nos ovários, no caso das mulheres, quanto nos testículos, no caso dos homens.

As suprarrenais ou adrenais são glândulas localizadas sobre os rins, secretoras de hormônios responsáveis, por exemplo, pelo metabolismo de minerais, carboidratos, proteínas e gorduras. Além disso, produzem um hormônio conhecido por preparar o organismo para enfrentar situações repentinas e inesperadas, o cortisol, nossa "cortisona" interna que nos ajuda a enfrentar o stress e a lidar com as surpresas do cotidiano. Hoje, a disfunção dessa glândula com a alteração da produção desse hormônio é considerada uma verdadeira epidemia, que discutiremos mais profundamente adiante.

O pâncreas é uma glândula mista, que trabalha de forma exócrina (para fora) e endócrina (para dentro), produzindo importantes enzimas digestivas liberadas no aparelho digestivo e que secreta os hormônios atuantes no metabolismo da glicose.

Já as gônadas são glândulas sexuais representadas pelos ovários e testículos, que produzem hormônios como os estrogênios e a progesterona, responsáveis pelo funcionamento do ciclo menstrual, e a testosterona, responsável pelos caracteres sexuais masculinos.

Tireoide, a nossa Itaipu

A tireoide localiza-se no pescoço. Seus hormônios aumentam a velocidade dos processos de oxidação e de liberação de energia nas células do corpo, elevando a taxa metabólica e a geração de calor.

Estão relacionados ainda ao crescimento, à maturação e ao desenvolvimento.

Na verdade, a tireoide funciona mais ou menos como uma Itaipu (em referência a uma das maiores hidrelétricas do mundo, localizada no Brasil) por ser responsável pelo equilíbrio energético do organismo. Tanto que, hoje em dia, é considerada pelos médicos, que lidam com o envelhecimento, a principal e primeira glândula a ser avaliada e tratada.

As paratireoides são glândulas localizadas bem próximas à tireoide, daí seu nome, que produzem hormônios com a função de regular o metabolismo do cálcio e do fósforo, que têm importante ação na formação e manutenção de todas as estruturas ósseas do corpo.

Pausas hormonais

A certa altura, por volta de 30 anos, nosso organismo passa a encarar as famosas pausas hormonais, que nada mais são do que a redução natural da produção de alguns hormônios pelo corpo. De todos os "desligamentos" que vão acontecendo até o final da vida, a menopausa e a andropausa são os mais conhecidos.

A palavra menopausa designa a última menstruação da mulher, quando ocorre a transição do período reprodutivo – ou fértil – para o não reprodutivo, em razão da diminuição dos hormônios sexuais produzidos pelos ovários. Todas as mulheres passam por isso, mas algumas podem apresentar um quadro mais acentuado de sinais e sintomas.

Entre os mais comuns estão: as famosas "ondas de calor", que causam uma vermelhidão na face; modificações na flora vaginal; alterações do humor e sintomas emocionais, tais quais: a ansiedade, a depressão, entre outros. Embora certas mulheres possam não apresentar sintoma algum, alguma manifestação silenciosa da deficiência hormonal pode estar ocorrendo, como a perda de massa óssea que pode levar à osteoporose. Por isso, é preciso estar atenta às respostas do corpo entre os 40 e os 50 anos.

O estrogênio chamado grande "vilão responsável pelo câncer de mama" é o principal protetor cardíaco das mulheres, por isso o risco de infarto do coração da mulher na menopausa equivale ao risco do homem. Falaremos mais adiante a respeito de hormônios e câncer! Esse hormônio ajuda também no combate à arteriosclerose, ajuda no cérebro, regula a pressão arterial entre outros.

A progesterona é o hormônio feminino em essência que leva a mulher à sensibilidade com delicadeza, que aguça a calma e a tranquilidade, etc.

A andropausa nada mais é do que a diminuição da testosterona (hormônio masculino), que ocorre nos homens com mais de 50 anos. A partir dos 40 anos, a testosterona começa a diminuir e, quando a taxa cai muito, alguns homens podem apresentar problemas. Nesse período, o homem é marcado por mudanças fisiológicas e psicológicas. Entre os sinais do climatério masculino estão: desinteresse e preguiça sexual, fadiga mental, insônia e sentimentos depressivos. O jovem senhor pode também apresentar comportamento arredio em relação ao convívio social, insegurança, principalmente no aspecto profissional, sentimento de inferioridade, irritabilidade, ciúme doentio antes inexistente.

Aqui quero relatar um caso de uma senhora que me procurou para tratar de seu marido relatando que o marido a estava deixando louca pelo ciúme doentio, e ela aflita, deixava claro seu padrão de honestidade que nunca tinha sido afetado. O marido concordou em fazer uma consulta e logo após de nos conhecermos melhor ele relatou que vivia um inferno interior de ciúmes a ponto de colocar um detetive particular atrás da esposa!

Seu casamento era de muitos anos e não tinha motivos para tal inquietação. Concordou em fazer a modulação hormonal, e após poucos meses de equilíbrio hormonal voltou a se tranquilizar em relação à sua esposa! Os hormônios têm relação direta com as emoções, vide a TPM – Tensão Pré-menstrual!!!

O medo de enfrentar desafios, seja na vida particular ou profissional, é bastante comum nessa fase. Porém, o principal problema da andropausa são as cardiopatias. A testosterona é o melhor protetor do coração e as situações de stress da vida cotidiana podem acelerar problemas cardíacos.

Existe também a pausa do cérebro chamada Eletropausa, em que a falta do hormônio Pregnenolona pode causar manifestações de baixo rendimento cerebral, e o mais conhecido é a perda de memória, com dificuldade de registrar nomes e situações recentes, fadiga permanente e alterações de humor. É importante lembrar que o diagnóstico de Alzheimer somente é feito com certeza com biopsia e ninguém faz biopsia de cérebro!

Então, muitas vezes poderemos ajudar nossos idosos com modulação dos hormônios, que com certeza irão melhorar.

Aqui registro outra informação interessante de um paciente que acompanhou sua mãe para consulta e com cuidado me antecipou que era portadora de Alzheimer, pois fazia tratamento com colega neurologista, assim mesmo ficamos de ajudar na saúde geral. Após alguns meses de tratamento iniciamos uma modulação hormonal, para eletropausa e tireopausa (comentaremos adiante), e para surpresa nossa, a paciente começou a melhorar sua atenção e o contato com o meio ambiente e pessoas. Ainda é cedo para chegar a conclusões, mas o alerta é que nosso cérebro precisa ser nutrido e protegido pelos hormônios antes de fecharmos os diagnósticos!

A melatopausa é sensacional, a falta de hormônio que nos leva ao sono!! Sim também temos uma diminuição do hormônio produzido pela glândula pineal, a Régia Glândula que nos liga ao Plano Espiritual, bem no meio da cabeça, e a medicina convencional quase nada sabe a respeito dela, apenas que para de trabalhar após a puberdade, mas a Ciência Espírita, por mcio dc cicntistas na Espiritualidadc como Dr. André Luiz (pseudônimo dado por ele mesmo para o psicógrafo Francisco Candido Xavier em muitos livros por ele psicografados) nos relata que essa glândula tem funções muito superiores que nos são ainda desconhecidas, e que atua em nosso psiquismo e self (espírito).

Com o envelhecimento temos diminuição da produção do hormônio chamado melatonina, por isso, dizer que o idoso dorme menos, porque não consegue dormir mais e melhor, acelerando, portanto, o envelhecimento. Em muitos países a melatonina é usada como "complemento para esse hormônio pelo sono", infelizmente em nosso país é proibida sua produção dificultando o acesso mais generalizado, pois somente se consegue esse hormônio por meio da importação.

Adrenopausa, diminuição da produção da glândula suprarrenal causada pelo estresse do cotidiano de um hormônio que se chama DEHIDROEPIANDROSTERONA, mais carinhosamente conhecido por DHEA. Trata-se de um pré-hormônio, como todos os outros hormônios sexuais derivados do colesterol, que ajuda na formação de ossos, controla a obesidade, administra o estresse podendo ser útil nos casos depressivos, ajuda na lubrificação vaginal e libido nas mulheres, antienvelhecimento, ajuda igualmente no controle da diabete, controla o colesterol e bem-estar, artrite reumatoide, etc. Também sua modulação é usada como complemento em muitos países, sendo de difícil utilização em nosso país da mesma forma que a melatonina.

Carências hormonais

Como se pôde perceber até agora, definitivamente somos controlados por nossos hormônios. Além da produção natural pelo organismo e contribuição de nossa alimentação, há um bom tempo já é possível utilizar hormônios para as mais diversas finalidades, seja para controlar o que sentimos, seja para melhorar sintomas da perda hormonal.

De fato, a natureza nos apoia até a fase em que podemos contribuir com ela, por volta de 30 anos. A partir daí, vamos por "conta própria" e dependemos das nossas reservas e como utilizaremos nossos hormônios. É por isso que podemos observar, com facilidade, anciões com jovialidade, sem as repercussões negativas da falta de hormônios, e jovens "envelhecidos", na faixa de seus trinta e poucos anos, por causa de um estilo de vida que "gasta" de maneira inadequada as reservas hormonais.

> **! Importante**
>
> De fato, a natureza nos apoia até a fase em que podemos contribuir com ela, por volta de 30 anos. A partir daí, vamos por "conta própria" e dependemos das nossas reservas e como utilizaremos nossos hormônios.

Basicamente, o envelhecimento é uma diminuição das funções orgânicas em geral, principalmente mediada pelos hormônios. A realidade é que não há doenças próprias da idade, o que existe são carências nutricionais e hormonais que podem levar a alguns problemas de saúde.

O grande ponto de atenção é o modo como as pessoas enfrentam o processo de envelhecimento, especialmente as mulheres. Afinal, trata-se de uma fase natural da vida. Para driblá-la, os hormônios podem ser bons aliados, desde que utilizados com parcimônia e sempre com orientação médica adequada.

A modulação hormonal pode ser um item de fundamental importância no processo da busca pela juventude e pela vitalidade. Na menopausa, por exemplo, as mulheres declinam sua capacidade de produzir hormônios responsáveis pelo equilíbrio e harmonia de centenas de funções e acabam acelerando o envelhecimento justamente em razão da queda das taxas hormonais.

Hoje, a medicina conta com avançados métodos de reposição, contando justamente com esse conceito de modulação, o que significa na prática a adequação da necessidade individual de cada paciente.

Aí entram os estudos mais recentes, que versam a respeito dos tipos de hormônios que devem ser usados e qual a melhor forma de utilização. A grande revolução da ciência está na utilização dos hormônios bioidênticos, que são exatamente iguais àqueles produzidos pelo corpo humano, imitando a fisiologia.

Os hormônios bioidênticos surgiram das pesquisas de Herbert Boyer, renomado cientista americano, que conseguiu replicar as moléculas dos hormônios humanos utilizando-se de uma técnica denominada engenharia genética recombinante. Com isso, criou hormônios estruturalmente idênticos aos dos seres humanos.

Com a utilização de hormônios idênticos aos naturais, é possível compensar a falta hormonal, produzindo respostas celulares totalmente fisiológicas. São esses os hormônios utilizados modernamente nos programas de modulação hormonal. Tais programas buscam referências hormonais de pessoas de trinta anos para o paciente. Mais informações, inclusive, podem ser obtidas no site www.longevidadesaudavel.com.br.

Nessa procura constante pelos métodos mais avançados de reposição com menor impacto à saúde, é importante estar sempre atento aos últimos lançamentos e produtos de ponta para garantir os resultados com segurança, levando-se em consideração também a importância de dosagem, absorção, entre outros fatores.

A medicina teve experiências ruins em décadas anteriores em relação aos hormônios, deixando um legado "pesado" e confuso: hormônios causam câncer!

Estudos atuais, desenvolvidos de forma séria, têm demonstrado o contrário, que a falta de hormônios é "mais perigosa" para desenvolver o câncer! Tomemos o exemplo do câncer de próstata – alguns médicos ainda acreditam que a testosterona seja o principal responsável por seu desenvolvimento, porém a faixa de homens que desenvolvem esse câncer está justamente na idade que menos têm esse hormônio!

Os cânceres são muito menos encontrados até 30 anos, justamente na faixa etária que mais temos hormônios! Segundo alguns estudiosos essa confusão se deve porque as substâncias usadas antes como reposição hormonal (e ainda muito utilizadas) não são hormônios bioidênticos e, portanto não são hormônios!

Deixando claro que os hormônios bioidênticos são sintéticos, porém com as mesmas moléculas, e sendo combinadas da mesma maneira que os hormônios que fabricamos em nosso corpo, e quando são usados devemos buscar imitar a maneira que o nosso corpo produz, quantidade e horários adequados!

Dicas do autor

Dicas para controle hormonal:

- Procure seu médico e faça testes dos níveis hormonais periodicamente.
- Busque um profissional que esteja atualizado com as novas referências hormonais e técnicas adequadas.
- Pesquise sempre uma farmácia de manipulação confiável, com a tecnologia apropriada para produção de hormônios.

Capítulo 04

AS DOENÇAS DA ALMA: PSICOSSOMÁTICA

Imagine-se dirigindo prazerosamente em uma rodovia bem-cuidada, cheia de sol, com uma paisagem fantástica ao redor. O som do carro ligado, nenhuma preocupação na cabeça. Tudo vai bem quando, de repente, surge do nada um caminhão à sua frente, que freia sem dar nenhum tipo de sinal. O desastre é iminente, mas você consegue desviar o carro e escapar do infortúnio.

Ao abrir os olhos, sim... Você está vivo. As mãos geladas, os joelhos bambos, a pele pálida e o coração aos pulos. Foi só um susto. De fato, nada de concreto aconteceu, mas todo o seu corpo reagiu àquela emoção de modo intenso e muito real. Os sinais físicos relacionados às emoções e à mente são evidentes em qualquer situação da vida. Sentimentos como raiva, paixão, tristeza, medo e uma série de outras emoções causam alterações no organismo, liberando ou inibindo a produção de substâncias com ação direta no sistema nervoso.

A partir do reconhecimento desse fenômeno, surgiu o conceito de somatização, a transferência para o corpo do que deveria ser vivido e suportado apenas na mente. A energia psíquica é descarregada no organismo, levando às mais diversas sensações e, com o passar do tempo, à formação de uma ou mais lesões diagnosticáveis e visíveis em exames. O processo funciona como uma válvula de escape para emoções e sentimentos com os quais não se consegue lidar.

Há casos em que a interferência do psiquismo é muito evidente, como doenças que surgem apenas em períodos de crise emocional, stress e mudanças na vida ou doenças crônicas que pioram sob essas condições. Crises agudas de determinadas doenças podem ocorrer imediatamente após brigas, sustos e outros fatores desencadeantes.

> **IMPORTANTE**
>
> Crises agudas de determinadas doenças podem ocorrer imediatamente após brigas, sustos e outros fatores desencadeantes.

O fato é que as doenças são causadas por um conjunto de fatores. A mente e a tensão emocional são alguns deles. De maneira geral, são manifestações orgânicas que podem ser causadas ou cujos sintomas podem ser agravados por aspectos mentais e emocionais.

Mundos diferentes

Ao longo de sua História, o homem já encarou as doenças das mais variadas formas. Os povos foram criando suas próprias formas de explicar as doenças. Em certos momentos da História da Humanidade, chegou-se a acreditar que corpo e sentimento pertenciam a mundos diferentes.

Ainda na Grécia antiga, Hipócrates (460-370 a.C.), pai da medicina ocidental, buscou decifrar o segredo da relação entre a alma e o corpo. Para ele, o homem era parte integrante do ambiente em que vivia e o bom médico devia levar esse fato em consideração, procurando conhecer esse ambiente onde vivia seu paciente, para ajudá-lo no diagnóstico.

Aristóteles procurou a compreensão racional do funcionamento do mundo e do corpo humano, preconizando que a vida seria regida por leis naturais, não psicológicas. Já no século III, com o pensamento de Santo Agostinho, constituiu-se o Idealismo, que se opunha ao Racionalismo de Aristóteles. A partir desse momento a cura de uma doença passou a ser compreendida como "o curar da alma". Curar o espírito teria como consequência curar o corpo, vindo daí a ideia do espírito ser superior à carne.

O pensamento do matemático René Descartes, que surgiria mais tarde, voltava a criar uma divisão entre o corpo e a mente, o que veio a ser conhecido como o Dualismo Cartesiano. Assim, o homem passou a ser "dividido" entre os assuntos da alma (aqui já compreendida como a razão) e o funcionamento do corpo (físico). Cada um deles deveria ser estudado em separado por diferentes disciplinas.

Por várias décadas que se seguiram, novas iniciativas voltaram a buscar a conexão entre a mente e o corpo. Essa linha de pensamento que relaciona o físico ao mental e emocional cresce novamente, até que em 1818 o médico psiquiatra J.C. Heinroth (1773-1843) utilizou pela primeira vez o termo "psicossomática" em seus estudos, uma referência para toda forma de pensar e compreender a unidade entre a mente e o corpo na experiência da doença. O termo também deriva do grego, unindo as palavras *psyche* e *soma* que querem dizer mente e corpo, respectivamente.

Graças a essa evolução do pensamento, hoje existe um senso comum de que a boa saúde está ligada a um conjunto de fatores. É como o mecanismo de um relógio: não dá para tirar uma engrenagem e o resto continuar a funcionar. Qualquer mudança nas peças vai afetar todo o conjunto.

Filosofia oriental

Dentro desse princípio, voltamos a analisar as raízes da medicina ocidental do grego Hipócrates e percebemos profunda semelhança com a filosofia oriental, base do pensamento médico chinês. Assim como os orientais acreditavam que a energia primordial emergia dos pulmões e se espalhava por todo o corpo, o médico grego aceitava que o segredo da vida estivesse no sopro vital.

A medicina chinesa nunca separou os processos físicos dos fatores emocionais, atribuindo um sentimento (medo, cólera, alegria, preocupação e tristeza) a cada víscera. Na teoria dos Cinco Elementos (metal, madeira, terra, água e fogo), cada órgão humano é também dotado de emoções e faculdades mentais, tais quais: o coração e a alegria, o braço e o pensamento, os pulmões e a tristeza, os rins e o medo, o fígado e a raiva. O local onde se instala a doença vai depender da sensibilidade de cada paciente.

Fazem contraponto aos sentimentos o que os chineses chamam de seis "agentes perversos externos" deflagradores de doenças: a secura, a umidade, o fogo, o vento, o frio e o calor. Hipócrates chegou a escrever um tratado inteiro a respeito do tema: *Sobre os Ares, Águas e Lugares*, em que observa os fenômenos climáticos e geográficos como desencadeadores de moléstias.

As duas linhas médicas propõem exercícios respiratórios, ginástica, dietas, jejuns e massagens como tratamento, sendo que a medicina chinesa propõe o diferencial uso das agulhas como forma de restabelecer o equilíbrio entre Yang/Yin – polaridades complementares que simbolizam o cheio (Yang) e o vazio (Yin) – para prevenir ou curar situações patológicas.

Para os chineses, a falta de harmonia entre Yin e Yang leva aos excessos ou às estagnações e se revela sob a forma de doenças. Daí o surgimento da acupuntura, técnica que se baseia em energias que percorrem o corpo e podem ser alcançadas por agulhas, permitindo que os pontos mapeados sejam estimulados ou sedados, conforme o caso, para desbloquear a passagem da energia e permitir sua circulação e distribuição pelo organismo.

Assim como a **acupuntura,** outras terapias complementares foram surgindo com o objetivo de se buscar a cura das doenças. Homeopatia, fitoterapia e prática ortomolecular são alguns bons exemplos.

No caso da **homeopatia**, a proposta é contribuir para o estabelecimento do equilíbrio da energia vital, retomando a harmonia do estado saudável com doses ponderáveis do princípio que está causando os sintomas da doença.

A **fitoterapia** é o estudo das plantas medicinais e suas aplicações na cura das doenças.

Já a prática **ortomolecular** tem como princípio restabelecer as células danificadas pelo stress, pelo envelhecimento e pelas doenças, por meio da suplementação vitamínica. Aliadas no tratamento, essas terapias complementares auxiliam o processo de cura. Enquanto a alopatia tratará os sintomas, as técnicas complementares buscarão tratar a causa dos problemas. Porém, a grande solução ainda é o autoconhecimento, ou seja, a descoberta de válvulas de escape e uma mudança na maneira de encarar os problemas e reagir a eles.

Cabo de Guerra

Podemos dividir os graus de somatização em alguns níveis. O primeiro deles tem como resultado a alteração da energia. No segundo, há alteração das funções do metabolismo. O terceiro é marcado por alterações orgânicas mais significativas e o quarto nível é tumoral. Conforme a intensidade e permanência do stress ou sobrecarga, a situação vai se agravando ou "aprofundando" para níveis de desorganização do organismo, até chegar a níveis de destruição celular.

Os principais fatores desencadeantes de todo esse processo são os conflitos. Podemos compará-los a um "cabo de guerra" interno, que acaba gerando desgaste exagerado e repercutindo em um órgão mais sensível. O conflito gera stress e, como consequência, o aumento do catabolismo, uma via de degradação do próprio organismo.

Por isso, quando dizemos que a doença psicossomática tem cura, é importante avaliar o grau de somatização – principalmente em doenças degenerativas.

Podemos hoje entender com a física quântica, que a emoção, algo sem corpo, porém com uma carga magnética, atinge o corpo desestabilizando-o magneticamente e eletricamente, e por isso causando a alteração celular no organismo.

As alterações magnéticas são o primeiro estágio da doença, ainda imperceptível aos exames que mostram os estágios nos órgãos, portanto, doenças funcionais, que serão mais bem explicadas em capítulos posteriores. Daí nós concluirmos que é preciso buscar tratamento o quanto antes, procurar o autoconhecimento, aprender a evoluir a partir dos próprios sintomas e, assim, alcançar a cura.

Ao se permitir parar e refletir acerca de sua vida, de suas posturas e de seus valores, você estará usando a doença a seu favor, aproveitando-a como uma oportunidade de aprendizagem e reflexão.

A grande verdade é que é praticamente impossível estabelecer uma linha divisória entre os sintomas psíquicos e os somáticos. Todos nos valemos do corpo para tornar visíveis e palpáveis os conteúdos subjacentes da consciência.

Compreender que a doença faz parte da saúde, assim também a morte faz parte da vida, representa o primeiro passo para encontrarmos um caminho mais saudável para nossas vidas. É a doença que torna os homens passíveis de cura, podendo representar – de acordo com a forma como é encarada – o ponto de mutação em que um mal se transforma em bem.

É justamente por isso que no atendimento à saúde é necessário entender mais de família e de sentimento. Ao paciente, o conselho é aguçar a sensibilidade e, ao invés de resistir, "baixar a guarda", apurando olhos e ouvidos para o que a doença tem a dizer. É preciso aceitar, conscientemente, cada sintoma como um professor que deseja nos ensinar algo a respeito de nós próprios.

Em uma visão transcendente, somos espíritos treinando várias situações no Planeta Terra, e dependemos de instrutores para isso. As doenças podem ser identificadas como tal, para que desenvolvamos nossas capacidades inatas!

Portanto, não fica doente quem quer, mas sim quem pode!

Isto é, depende da capacidade do indivíduo, o treinamento que lhe será dado. A Providência Divina estará sempre "providenciando" aquilo que cada um de nós precisa e suporta para poder evoluir!

DICAS DO AUTOR

Dicas para tratar as doenças de fundo psicossomático:

- Abra olhos e ouvidos para seus sintomas e procure relacioná-los com acontecimentos de sua vida.
- Entenda que a doença faz parte da saúde. É na compreensão de uma doença, de forma integral, que estarão seus principais instrumentos para a cura.
- Busque seu autoconhecimento por meio de leituras, conversas com amigos ou até processos terapêuticos.
- Esteja aberto a terapias complementares, que poderão auxiliar no tratamento alopático.
- Ao se perceber doente, busque ajuda em todos os níveis, não somente em nível físico.
- Questione a si mesmo acerca da função daquela doença em sua vida, ao invés de questionar o porquê de estar doente, questione "para que" lhe serve esse desconforto que chamamos de doença.[1]

1 Thorwald DETHLEFSEN; Rudiger DAHLKE, *A doença como caminho.*

2ª Parte
Nível Emocional

Capítulo 05

Raiva, Mágoa e Perdão: treinamento e dedicação

Dezembro, shopping, estacionamento lotado. Você, apressado, precisa fazer suas compras de Natal e não tem outro dia a dispor para essa finalidade. A espera é longa quando, finalmente, surge uma vaga. Você está bem próximo, dá seta e, quando vai entrar na vaga, vem um carro do nada e toma seu lugar. O coração acelera, você buzina, põe a cabeça para fora e começa a gritar. Pronto. Não precisa muito para a raiva dominar seus instintos e a adrenalina falar mais alto do que a razão.

Todo mundo sente raiva, independentemente de qualquer outro fator. Uma discussão, uma mentira, uma traição ou simplesmente uma "palavra torta". Os motivos podem ser os mais diversos e a raiva se faz notar. Trata-se de uma condição natural do ser humano, como a fome, o sono ou as necessidades fisiológicas.

> *Em sua origem, o homem tem somente instintos. Um pouco mais avançado, passa a ter sensações. Instruído e depurado, tem sentimentos. Mas na hora da raiva vai tudo por água abaixo e são os instintos que falam mais alto.* [1]

Mas não é somente a cabeça que vai a mil por hora e sente o peso da raiva. O organismo, muitas vezes, paga um preço alto. A raiva causa sensação de stress, cujo maior problema é afetar a parte hormonal. O stress pode alterar os níveis do funcionamento da glândula suprarrenal, podendo aumentar ou reduzir os níveis de cortisol – que é um dos hormônios responsáveis pelas respostas orgânicas frente às situações estressantes da vida. Leia mais a respeito dos hormônios no capítulo 03.

Ao sentir raiva, o ser humano pode aumentar muito a produção do cortisol, gerando o que chamamos estresse agudo. Esse hormônio desencadeará processo de luta e fuga, produzirá no organismo reações que levarão ao aumento do trabalho cardíaco, tensão muscular, aumento da glicemia por mobilização dos açúcares do fígado, reações necessárias para uma situação aguda!

O problema é que tal situação, que deveria inicialmente ser aguda e depois retornar à normalidade, se repete muitas vezes, levando à exaustão da

---

1 Allan KARDEC, *O livro dos espíritos.*

glândula. Essa fadiga é capaz de gerar uma série de problemas orgânicos, como o aumento da pressão arterial – colocando em risco o coração, o desgaste dos hormônios sexuais – que pode levar à menopausa ou andropausa precoce, além de uma disfunção no metabolismo do açúcar, podendo desencadear o diabetes.

A glândula passa a funcionar pouquíssimo e o paciente passa a não ter forças para reagir frente à vida. Nesses casos, a depressão é uma das doenças mais comuns. A psicossomática, inclusive, ensina que a depressão é basicamente uma raiva acumulada, que causou reações orgânicas e bioquímicas. Cultivada, essa raiva se transforma em rancor, em ódio e os comprometimentos orgânicos, então, tendem a piorar.

Nossos amigos gregos já atribuíam a melancolia ao mau funcionamento do fígado, daí a origem da palavra: *melano* que significa *negra* e *colia* que significa *bile* (fluido produzido pelo fígado). Essa hipótese levantada pelos gregos vai justamente ao encontro da medicina chinesa e sua teoria dos cinco elementos (madeira, fogo, terra, metal e água) que estão ligados aos órgãos do corpo. De acordo com os chineses, a energia do fígado se relaciona com a raiva e o rancor e as emoções se tornam um fator de desequilíbrio para os órgãos quando permanecem intensas por um longo tempo.

Luz no fim do túnel

É possível, então, não sentir raiva? Pergunta difícil, porque em nossa condição humana nós ainda recebemos e aceitamos os insultos. Assim, a raiva passa a ser *quase* inevitável. Isso significa que ainda há luz no fim do túnel. A receita pode ser mais simples para uns, mais complexa para outros: treinamento. É como se iniciássemos um exercício de aceitar ou não os insultos.

Comece o exercício imaginando uma situação de estar recebendo uma correspondência, uma conta de luz, por exemplo. Você abre e o valor é um verdadeiro disparate para seus padrões mensais de gasto. A indignação é a primeira reação, seguida obviamente de raiva da empresa fornecedora de energia. Pensando de maneira bem prática, aquele valor não corresponde aos seus gastos e, então, você decide conferir o nome do destinatário. Ufa! Não é você. E então, já muito mais calmo você entrega a correspondência ao carteiro, pedindo que devolva ao verdadeiro dono.

Nossa reação diante de um insulto pode ser semelhante. Trata-se de uma questão de treino. Quando não nos reconhecemos em um insulto, temos o direito e o dever de simplesmente não aceitá-lo. Calma! Trate de começar a controlar seus níveis de adrenalina... Ninguém aqui está dizendo que seja fácil. Mas, pode ser o início de um longo caminho de treinamento rumo à evolução. Afinal, evoluir não é um passe de mágica, mas a persistência em transformar, em modificar algo para melhor. Por que, então, esse "algo" não pode ser a gente mesmo?

Ao sentirmos raiva, temos uma participação ativa no insulto, aceitando-o. O treino está justamente em reservar uma parte do cérebro que consiga pensar em um momento de raiva e avaliar o que o outro está falando. Esse é o momento de questionar se esse insulto cabe para você, se é válido ou se é simplesmente uma tentativa de ofensa que não corresponde a você, aos seus atos e ao seu jeito de ser.

Essa rápida avaliação pode fazê-lo chegar à conclusão de que aquela ofensa não significa absolutamente nada para você. Bingo! Você acaba de devolver a carta porque, definitivamente, "a carapuça não serviu" e aquele insulto não lhe ofendeu. Então, basta pedir ao carteiro que entregue aquele insulto ao verdadeiro dono, pois realmente esse dono não é você. Simples assim? Claro que não. Mas, exercícios como esses descritos acima podem ajudar – e muito – em seu processo de melhoria íntima a afastar, cada vez mais, o sentimento de raiva. Quanto mais evoluído, menos suscetível.

Quando me refiro a "devolver" o insulto ao verdadeiro dono, recorro à psicologia Yunguiana, que nos ensina acerca de projeção.

Yung, psicólogo eminente da época de Freud, mas com convicções diferentes, ensinou que muitas vezes ao ficarmos irritados ou incomodados com alguém, poderemos, sem o perceber, estar "misturando" uma situação que aconteceu conosco no passado com outra pessoa e "projetar" na pessoa com quem atualmente estamos incomodados. Por exemplo, um homem que teve problemas com sua mãe na infância (algo raro...) pode em determinado momento projetar aquela situação vivenciada na infância sobre sua esposa, que nada tem a ver com a situação presente. Neste caso se a esposa "treinar" poderá entender que seu marido a esteja insultando como se fosse sua mãe e poderá não ficar magoada, percebendo a confusão que ele está fazendo!!!

Vingança do Bem

Claro que o exercício proposto vai se desenvolvendo com o tempo, com o treinamento e com a persistência. Mas, o que fazer até lá? Engolir a raiva pode ser uma solução para muitos, porém resulta em problemas maiores ainda. Engolir a raiva é colocar para dentro do organismo algo tóxico e esse veneno também trará malefícios à saúde.

Que tal se vingar? Se seus olhos brilharam diante desta alternativa, utilize-a para o Bem. Parece impossível, mas não é. Assim como outros instintos, a raiva gera grande energia, que pode ser direcionada para uma situação destrutiva ou construtiva. O desafio agora é direcioná-la para algo bom, que pode ser o trabalho, mudanças pessoais, morais, psicológicas, financeiras ou qualquer outra coisa que, ao invés de prejudicar o outro, beneficie a você próprio.

A ideia principal é usar toda essa motivação, essa energia para uma coisa boa, construtiva e positiva. A própria ciência nos dá o exemplo. Afinal, a energia pode ser destinada à construção de uma bomba atômica ou à iluminação de toda uma cidade. A energia pode dar um choque ou fazer funcionar um gerador.

Basta direcioná-la da maneira correta. A vantagem é que a sensação de vingança é doce. E então, ao mesmo tempo em que você estiver construindo algo de bom, sentirá doce prazer de revanche. Enganar nossos maus instintos pode trazer vantagens.

Segurando a cadeira

Às vezes, a raiva também pode ser inevitável. Afinal, somos humanos, suscetíveis a falhas e cheios de limitações. Então, essa raiva engolida pode ficar parada. A mágoa nada mais é do que essa raiva parada, guardada, armazenada em nossos corações e, o que é pior, em nosso organismo. É uma água má, como uma água parada, sem serventia, que fica estragando dentro das pessoas.

Em geral, as pessoas não sabem muito bem o que fazer com isso. Algumas chegam até a se orgulhar: "Carrego uma mágoa há 35 anos!". Imagine só, 35 anos com aquela água parada, estragando e gerando sintomas, consumindo energia, intoxicando o organismo. A mágoa, na verdade, é aquela raiva guardada, que acaba ocupando um espaço tremendo, muito maior do que imaginamos. É como segurar uma cadeira o tempo todo, que impede a pessoa de comer direito, de dormir bem e de se relacionar com outras pessoas.

> **! Importante**
>
> A mágoa, na verdade, é aquela raiva guardada, que acaba ocupando um espaço tremendo, muito maior do que imaginamos.

Alguém já tentou abraçar outra pessoa segurando uma cadeira? Difícil. Comer, dormir... Pior ainda. Com a mágoa é rigorosamente a mesma coisa, porque ela impede qualquer um de levar sua vida adiante, de melhorar, de evoluir ou até mesmo de fazer as coisas simples do dia a dia. Chega um momento em que é preciso soltar a cadeira, deixá-la para trás e superar a mágoa simplesmente para viver melhor.

A tarefa não é das mais fáceis, mas para torná-la possível é preciso dar um novo significado àquela experiência ruim, àquele fato que mexe com seu corpo, que altera seus hormônios, que faz envelhecer, que tira o sono, que atrapalha a digestão, que acelera o coração. É preciso parar e avaliar se aquela pessoa que causou todo esse prejuízo realmente sabia o que estava fazendo ou se, por ignorância, apenas escolheu um caminho errado. Ao começar a pensar dessa forma, fica mais fácil jogar a cadeira fora.

Atitude egoísta

Pode parecer mesquinho pensar no perdão como algo egoísta, mas existe verdade nessa afirmação. A primeira pessoa que sai ganhando com o perdão é aquela que perdoa, pois se livra de um peso enorme e consegue encarar a vida com mais leveza. Não se trata somente de oferecer o perdão ao outro, mas principalmente de fazer bem a você mesmo. Se aquele que magoou também é beneficiado, melhor para todos, mas o importante é estar bem.

Jesus Cristo, o Mestre dos mestres, nos ensinou a perdoar para que sejamos perdoados. Afinal, sejamos honestos, quem de nós nunca magoou alguém, mesmo sem querer? Todo mundo erra e o perdão existe para nos ajudar a viver melhor. Isso não quer dizer que, dependendo da situação, tenhamos de conviver com aqueles que nos magoaram. Basta apenas não cultivar a raiva, deixar a mágoa para trás e, principalmente, não deixar que meros ressentimentos nos atinjam a saúde.

Outra questão importante é que o fato de perdoar alguém não significa que estejamos justificando ou que sejamos coniventes com atitudes erradas. Nesse ato estamos perdoando a pessoa e não sua atitude. Isso não tem nada a ver com esquecimento, pois aí já entramos na questão da memória. Somos dotados de memória e perdoar não significa esquecer. Perdoar significa se lembrar do fato sem ressentimentos, sem mágoas, sem raiva... Assim também uma cadeira velha que ficou para trás e nem precisamos mais olhar para ela.

Viver com uma ferida nos coloca na posição de vítimas perpétuas. E é cômodo ser vítima, porque a vítima parece ter sempre razão, além de despertar a compaixão e a atenção das pessoas. No fundo, o que essa vítima busca é "roubar" a energia dos outros. E a parte ruim é que essa energia não traz benefício à vítima, pois essa energia não é dela. Mais um motivo para perdoar, pois quando perdoamos não precisamos mais da energia "roubada" de ninguém, porque temos a nossa.

Se partirmos da premissa de que não somos somente corpo, mas mente e espírito, nós podemos concluir que ao higienizarmos nosso espírito, por meio do perdão, conseguiremos limpar nosso corpo físico. É como uma fileira de dominó. O movimento de uma peça certamente impacta a outra. Dessa forma, será possível aliviar sintomas e até mesmo eliminar muitas doenças crônicas, ocasionadas por essas mágoas e raivas que permanecem guardadas. Quando perdoamos, recuperamos as rédeas de nossa própria vida, o poder de viver e o direito de ser feliz.

Dicas do autor

Uma dica:

Duas lições importantes para a saúde do corpo e do espírito: não aceitar o insulto – para afastar a raiva e perdoar – quando o sentimento de raiva é inevitável. Um bom começo pode ser dividir um papel em branco ao meio e escrever: as vantagens e desvantagens em sentir raiva ou guardar mágoa em situações específicas da vida, e vantagens e desvantagens em perdoar. Certamente, as colunas das desvantagens em guardar mágoa e das vantagens em perdoar serão muito maiores para você e para qualquer outra pessoa envolvida no processo. Experimente perdoar e sinta o prazer de viver a vida mais feliz.

Capítulo 06

Conflitos Afetivos, nossos grandes mestres

Todos nós, ao longo da vida escolar, tivemos vários professores que marcaram. Alguns pela doçura e pelo carinho com que exerciam sua vocação de ensinar. Outros pelo rigor e pela dureza da imposição do conhecimento. Mais ou menos distantes, essas lembranças trazem ainda noções claras de nossas dificuldades com essa ou aquela matéria. As equações matemáticas, as análises da língua portuguesa, as combinações químicas – todo mundo já teve dificuldade em alguma disciplina escolar.

Em geral, a dificuldade faz com que a gente não goste da matéria e assim fica ainda mais difícil, porque será preciso gastar mais horas no estudo para obter algum sucesso na prova. Por muitas vezes, acabávamos confundindo nossa dificuldade naquele assunto com a interação com o professor, e alguns deles foram realmente incômodos em nossa vida escolar. Surgem os primeiros conflitos com consequências diretas em nosso desempenho.

O exemplo da escola que nos parece tão claro se aplica perfeitamente à nossa vida adulta, com várias matérias em que temos dificuldades e alguns professores que, muitas vezes, estão mais perto do que imaginamos. São nossos relacionamentos mais íntimos, às vezes, os mais caros ou, de alguma forma, próximos. O marido, a esposa, os filhos, os pais, os irmãos, os amigos, a sogra, o sogro, nosso chefe, nosso funcionário, os colegas de trabalho, o vizinho folgado do apartamento de cima. Efetivamente, o corpo docente é vasto e não tira folga nunca, ensinando o tempo inteiro sem nos dar uma pausa para respirar.

As matérias que nos trazem dificuldades são os objetos dos conflitos com esses professores. É claro que há um deles, assim como havia na escola, que nos traz mais dissabores, mais amarguras, mais discussões. No caso das relações afetivas, são verdadeiros professores particulares, a nos ensinarem o tempo todo, causando conflitos que parecem infindáveis. No entanto, assim como na escola, se não aprendermos não poderemos prosseguir em nossa evolução. Seguramente, a reprovação trará novas lições e novas oportunidades de aprendizado.

Da mesma forma, os conflitos afetivos são oportunidades de aprendizado. Dependendo da maneira como lidarmos com as matérias, teremos mais ou menos conflitos com esses professores. Geralmente, quando encontramos uma pessoa para uma vida em comum, ela sempre será um instrumento da "diretoria da escola" (a Vida) a nos ajudar nas matérias e nos ensinar coisas novas.

As disciplinas a serem aprendidas podem ser os mais diversos assuntos das relações humanas: conflitos por dinheiro, por comportamentos, por ciúmes, por poder, entre outros tantos. À medida que os relacionamentos vão se multiplicando, crescem também os conflitos, que podem gerar até mesmo problemas físicos, prejuízos bioquímicos.

O conflito externo gera conflitos internos, com grande desgaste de energia. Os crônicos, inclusive, podem levar à depressão. Crianças que crescem em lares em meio à desarmonia trazem exemplos físicos desse desgaste, apresentando sintomas de disfunção imunológica. Isso ocorre porque a criança não tem a barreira do adulto entre o psicológico e o físico. Podem se explicar daí febres repentinas e sem causa orgânica e problemas gastrointestinais, por exemplo.

Em todos os conflitos, sem exceção, a grande questão é: Por que aquela característica daquela pessoa próxima me incomoda tanto, me tira do sério e faz com que eu entre em conflito? A tendência natural das pessoas é depositar o problema no outro. O conflito se dá porque o outro mente, porque o outro não tem medida nos gastos, porque o outro se comporta de forma inadequada, porque o outro fala o que pensa, porque o outro se exalta, porque o outro é folgado. No entanto, a questão é justamente inversa, porque a vida é tão generosa que coloca em nosso caminho pessoas que têm algo a ensinar. Isso porque temos questões internas, tão íntimas, que fica muitíssimo mais fácil enxergar no outro. É o que se chama em psicologia de "sombra projetada".

Lado negro da força

A sombra nada mais é do que aquilo que nos incomoda no outro, aquilo que é desaconselhável, que não é civilizado, que é feio. Tudo isso nos remete à memorável série de filmes de ficção científica escritos por George Lucas, "Guerra nas Estrelas". É claro que todos nós, no fundo, queremos ser cavaleiros Jedi com suas espadas de luz em defesa do Bem. Mas, na verdade somos humanos e escondemos nosso "lado negro da força", muitas vezes tão escondidinho, que não somos sequer capazes de enxergar sozinhos.

O Evangelho de Jesus nos mostra o mesmo tema, nas palavras de Mateus, VII: 3-5:

> *Por que vês tu, pois, o argueiro no olho do teu irmão e não vês a trave no teu olho? Ou como dizes a teu irmão: Deixa-me tirar-te do teu olho o argueiro, quando tens no teu uma trave? Hipócrita, tira primeiro a trave do teu olho e então verás como hás de tirar o argueiro do olho de teu irmão.*

Nossos professores estão aí para isso, para nos fazer enxergar nosso argueiro através de tudo o que mais nos incomoda fora. É claro que há questões que ultrapassam nossa compreensão mundana. Muitas vezes, o conflito com o outro se dá por uma questão que pode não se aplicar a você nesta vida, mas é preciso lembrar-se da grande dimensão de nossa existência, pois as encarnações nos fazem passar por experiências, mas nem sempre chegamos ao sucesso.

Isso significa que não existe um único relacionamento acidental. Cada encontro – seja profundo, superficial, neutro, positivo ou doloroso – tem uma razão de ser. Assim, um mero desconhecido que passa pela nossa vida pode ter muito a nos ensinar a respeito de nós próprios. Quando se trata de um relacionamento amoroso, a responsabilidade então é ainda maior, pois, à medida que não existem contos de fadas fora dos livros, nós não podemos entregar ao outro uma responsabilidade que é somente nossa.

A totalidade e a plenitude vêm de dentro e encontrar uma pessoa especial não significa a solução de seus problemas, não vai fazer você se dar bem com o chefe, nem conseguir um aumento e muito menos ficar amigo da sogra!! A solução, portanto, é deixar de buscar a solução no outro e procurá-la dentro de você. O primeiro passo pode ser a identificação daquilo que mais incomoda e que gera conflitos, que pode estar dentro de você nesta vida ou ser uma provação de outra existência.

Calma, ninguém aqui está falando que seja fácil, mas é preciso começar. E é justamente aos disciplinadores, aos professores mais rigorosos que devemos nos atentar primeiramente. Ao se relacionar, as pessoas atraem aquelas que tenham algo a ensinar em determinadas matérias. Mas, para que isso ocorra, as pessoas têm de se dispor a aprender. Até porque, se não aprendemos e fugimos, a lição pode vir ainda pior.

Certa vez, uma pessoa conhecida relatou um caso de sua dificuldade com chefes. O primeiro deles gritava muito, o que gerava grande incômodo e insatisfação. Cansada de seus gritos e não sabendo o que fazer com eles, ela decidiu mudar de emprego. A sabedoria popular diria que "a emenda saiu pior do que o soneto", pois o segundo chefe era ainda pior. Também gritava, mas não tinha a menor competência técnica para isso. O primeiro, pelo menos, era competente e havia um pouco mais de autoridade técnica nos gritos.

Ao invés de procurar novo emprego, ela decidiu encontrar um jeito de lidar melhor com aquele chefe, compreender suas razões e agir de forma que ele percebesse seu comportamento inadequado. Bingo! O chefe deixou de gritar com ela, e ela nunca mais teve de passar por esse tipo de situação em outros empregos.

Diretamente proporcional

A receita para o diagnóstico é relativamente simples: aquilo que incomoda e que mais gera conflito é a disciplina a ser aprendida. Da mesma forma, aquilo que você mais admira no outro também pode ser uma virtude que você tem e não reconhece em você. Porém, reconhecer o lado Jedi é sempre mais fácil.

Complicado mesmo é lidar com nossas sombras. Para isso, é preciso estar disposto a aprender, e a maneira utilizada pelo professor para ensinar é diretamente proporcional à forma como o aluno deve aprender. Basta querer.

O livro *Ao Encontro da Sombra*, de J. Abrams & Connie Zweig, é uma coletânea de 65 artigos que oferece um vasto panorama acerca do lado escuro da natureza humana, tal como este se manifesta no seio da família, nos relacionamentos íntimos, na sexualidade, no trabalho, na espiritualidade, na Nova Era, na política, na psicoterapia e na criatividade. A obra salienta que o que nos incomoda vira conflito e que, se conseguirmos aprender as matérias com as quais temos dificuldades, nós nos livraremos do conflito. Claro, a partir do momento que você aprende a resolver uma equação matemática de segundo grau, qualquer um que vier com esta equação não incomodará.

Por isso, precisamos estar abertos a nos conhecer e a aceitar ajuda para esse autoconhecimento. É preciso ter humildade para reconhecer as traves em nossos olhos, o que não tem nada a ver com humilhação. A palavra humildade vem de húmus, que representa a fertilidade da terra para receber a semente e germinar. Este é o conceito, receber a semente do autoconhecimento para evoluir.

Assim, mesmo sendo o conflito uma questão emocional, a racionalidade é essencial, porque nos leva a perceber os motivos desse conflito e nos abrir para as soluções. Ao nos conhecermos, as razões dos conflitos irão se dissipar e seremos capazes também de mudar aqueles que nos rodeiam, porque a felicidade não dependerá mais deles. De fato, o tempo todo somos professores e alunos em uma escalada de conhecimento e evolução.

Dicas do autor

Dica:

O principal conselho que fica é a busca pelo autoconhecimento, com terapia e boas leituras. Muitas vezes, essa evolução pode parecer difícil, até impossível. Mas acredite: a vitória é muito maior quando provém de um desafio.

Capítulo 07

Ansiedade e Medo: "De volta para o futuro"

Feche os olhos e imagine-se sozinho dentro de um avião. Você olha para os lados, não vê mais ninguém e permanece sentado em sua cadeira. Não há piloto nem janela. Porém, você pode ouvir todas as conversas da torre de comando. Os comentários são os mais diversos: as condições de voo, o clima – uma tempestade que se aproxima – turbulências e conversas corriqueiras. Você está preso naquele lugar e não tem como sair. De repente, conversas acerca de como estará o local de destino do pouso, inseguranças a respeito das condições do aeroporto... Nesta situação, qual seria seu maior desejo?

Provavelmente, "Chegar o mais rápido possível ao destino, pousar em segurança e sair inteiro do avião"! Por meio de uma metáfora muito simples, esta é a situação da gestação. Afinal, desde o momento da concepção já existe uma consciência, já existe a alma da pessoa. Assim como o aflito passageiro do avião, o bebê não tem controle da situação e está à mercê do que acontece lá fora. Ouve tudo o tempo todo e, embora não tenha o discernimento para a compreensão total do assunto, tem sentimentos e pode sim ficar traumatizado com as circunstâncias que apareçam durante a gestação. Ao nascer, esse bebê tem todo o "registro do voo" gravado em seu subconsciente, que leva para o resto da vida.

Inesquecível a história de uma paciente que tinha medo terrível de ficar desempregada. Não havia lógica alguma, pois isso nunca havia acontecido de fato na vida dela, mas o medo era tanto, que já estava atrapalhando sua carreira. Ao buscar ajuda, descobriu em terapia que, quando a mãe estava grávida de dois ou três meses, o pai perdeu o emprego, e a mãe, durante um período da gestação, ficou com muito medo da situação – a chegada do bebê sem a renda adequada para seus cuidados. Durante esse período, o medo da mãe se transferiu, ficou gravado nos genes do feto ao longo de seu desenvolvimento, o que resultou naquele medo infundado da perda do emprego.

Portanto, para nós, toda ansiedade deveria passar por uma pesquisa do "ambiente gestacional", para sabermos se não estamos carregando algo como um trauma intrauterino de "medo de não conseguir nascer", "medo de não ser aceito como sou". Não se trata de achar culpados, e sim identificar o que preciso retirar do subconsciente para melhorar!!! Na dica do capítulo o *auto chat* ajuda a se melhorar.

Nível emocional: impregnação de experiências

A experiência diária no trato com os pacientes demonstra a impregnação de experiências vividas pelos nossos antepassados, que ficam gravadas em nossos genes. Ou seja, algum padrão de algum antepassado pode estar se repetindo, desencadeado por novas experiências chamadas pela Programação Neurolinguística (PNL) de "âncoras".

Porém, temos também outra maneira de interpretar as memórias que surgem do inconsciente – que podem ser boas ou más. São os registros de encarnações passadas, isto é, vivenciadas por nós próprios em outras épocas. Você pode escolher a explicação que melhor lhe convier, o importante é que saiba que estão lá e podem te trazer alegrias e medos sem lógica!!!

O próprio dicionário Aurélio define ansiedade assim: *Estado afetivo em que há sentimento de insegurança.* O termo *afetivo* explica toda a relação da sensação de ansiedade com o aspecto emocional. Da ansiedade para o medo há apenas um passo.

Podemos dizer que o medo é uma emoção capaz de desencadear reações fisiológicas, como sudorese, taquicardia, confusão mental, atordoamento, piora da concentração, sensação de desmaio, pânico e tonturas. É um estado de alerta diante de uma possível ameaça, que pode ser infundada ou não.

Já no berço de nossa civilização, a Grécia Antiga, pode-se encontrar a personificação do medo em deuses. Há quem diga que o medo era uma punição dos deuses e por isso os gregos divinizaram *Deimos* (o temor) e *Phóbos* (o medo), tentando entrar em harmonia com esses deuses em tempos de guerra, realizando oferendas a fim de que essas forças não os abatessem, mas desviassem a ação aterrorizante de tais divindades para o inimigo.

Os medos, portanto, sempre desempenharam importante papel no destino dos homens. Vem da Grécia a origem da palavra fobia (*phóbos*), que significa medo, assim também a palavra ansiedade, vinda do termo *anshein*, que significa "estrangular, sufocar, oprimir".

Nível físico: Cuidar do corpo e do espírito

As reações físicas decorrem de alterações hormonais. Isso porque o medo constante pode trazer um esgotamento físico de alguns hormônios: como o cortisol, a adrenalina e o DHEA (este esgotamento traz desgaste, levando a pessoa a uma dificuldade em responder ao medo ou ao estresse, o que resulta em uma condição de apatia, de fadiga da glândula suprarrenal, que pode levar até uma depressão). A baixa desses hormônios, inclusive, é uma das maiores causas da depressão. Saiba mais acerca de depressão no capítulo 19.

Existe ainda uma questão alimentar relacionada com a ansiedade. A hipoglicemia. A falta de açúcar no organismo, por exemplo, pode causar reações corporais de desconforto, que muita gente chama de ansiedade. Com a necessidade da glicose, a pessoa pode sentir angústia, transpiração, tontura, confusão mental. Isso porque o cérebro está com baixa de açúcar.

Nosso erro alimentar está levando a população ao excesso de açúcares, o que descontrola o metabolismo e a principal glândula que trabalha com isso, o pâncreas. Ele é responsável pela produção de insulina e glucagon como hormônios endógenos (para dentro) que precisam regular os níveis de glicose sanguínea. Com o excesso de açúcares o pâncreas fica "descontrolado" produzindo níveis muito altos de insulina (principal responsável pela inflamação e obesidade) levando à síndrome metabólica que é considerada pré-diabetes!!! São sintomas que vêm do próprio sistema nervoso central. Trata-se de uma questão física, que o próprio Evangelho levanta e aconselha: *Cuidar do corpo e do espírito*. Afinal, não adianta nada orar, meditar e cuidar do espírito, deixando o corpo de lado.

Essa questão física engloba ainda as alergias alimentares, que também devem ser conhecidas por conta de sintomas semelhantes. Consumidos em excesso, determinados alimentos tais quais: o leite e a farinha branca podem causar uma "inflamação do cérebro", gerando forte reação de desconforto físico, que as pessoas chamam de aflição ou ansiedade. Em uma reação alérgica, há uma briga entre o sistema imunológico e o fator alérgico. Nesta briga há a inflamação, pequenos inchaços localizados que vão dificultar o bom funcionamento cerebral.

A melhor forma de combater essa inflamação silenciosa é por meio de uma velha receita conhecida pela maioria das pessoas: muitos legumes, muitas frutas, fibras e alimentos naturais. Basta ir a um restaurante por quilo, por exemplo, e se servir à vontade de tudo o que vier *diretamente de Deus* e ter parcimônia com os alimentos que passaram pelo homem. Simples assim.

Nível espiritual: Registro genético

Podemos dizer que o medo também tem um fundo espiritual. Cabem aqui algumas conceituações a respeito dos tipos de medo. Na realidade, o medo é um sistema de alarme que nos afasta de perigos eminentes. A questão é definir quais são nossos medos e trabalhar para que os medos infundados não nos dominem a vida.

Isso porque é muito fácil sentir medo onde não existe, efetivamente, perigo. Trata-se de um tipo de medo que não se fundamenta na nossa realidade atual. Muitos medos são atribuídos a um trauma de infância, por exemplo, ou até mesmo a um trauma de gestação e ainda pode haver um registro de auto-herança genético. Do mesmo jeito que o código genético pode ser do meu antepassado, como já explicado anteriormente, pode-se dizer que seja de outras vidas para aqueles que também acreditam em reencarnação.

Certa vez, uma paciente apareceu no consultório com uma verdadeira fobia (medo sem controle) de barata. Junto dessa fobia, foi relatado grande medo de ser enterrada viva. Após uma longa conversa, a própria paciente deduziu que a ligação entre esses dois fatores poderia estar relacionada a uma experiência de outra encarnação ligada a insetos, na decomposição do corpo físico.

São vários os tratamentos nos casos de fobia, mas em casos como o dessa paciente, a melhor opção é a terapia transpessoal, que poderá utilizar técnicas de regressão para tirar a sensibilidade desse padrão que transcende o momento atual da existência do paciente.

O caso demonstra que as pessoas trazem em seu código genético padrões que podem se expressar de variadas formas. A fobia pode ser um bom exemplo de padrão muito forte e arraigado, que gera um medo totalmente descontrolado. O livro *Biologia da Crença*, do renomado cientista norte-americano Bruce Lipton, traz surpreendentes descobertas científicas que comprovam o poder do pensamento sobre a matéria e esclarece a reencarnação. Seus estudos foram precursores da epigenética – estudo dos mecanismos moleculares por meio dos quais o meio ambiente controla a atividade genética.

Essa obra revolucionária, que aproxima a ciência da filosofia e da religião, traz ainda o exemplo da gravidez de ratas no deserto americano, que dão à luz filhotes com pelos longos no inverno e pelos curtos no verão, o que demonstra, por meio de um exemplo prático, a expressão genética pura e simples, isto é, o gene se expressa ou se apresenta quando é estimulado, se não for estimulado não apresentará as características próprias.

Isso também é verdadeiro para as doenças ditas de herança genética, pois se não "repetirmos" padrões de comportamento dos nossos pais que tiveram determinadas doenças, NÃO necessariamente teremos aquelas doenças!!!

Na semente

Nessa questão espiritual, é preciso considerar que cada ser humano, mesmo dotado do livre-arbítrio, já nasce com uma programação de vida. O psicólogo americano James Hillman, autor do livro *O Código do Ser*, entende que, assim como a semente da árvore já traz o código da árvore inteira, nós já nascemos com determinado código das coisas que vamos fazer e das que vamos passar. É o que a Doutrina Espírita chama de programa pré-encarnatório.

Outras culturas também revelam tal crença. A palavra *maktub* quer dizer "está escrito" em árabe, em uma referência à predestinação, pregando que o homem não é livre em suas ações e que Deus, desde a eternidade, já determinou o modo de vida de cada um. Isso significa que cada um de nós vem ao mundo com um potencial e que não é preciso se desesperar se você não nasceu na Áustria com o nome de Wolfgang

Amadeus Mozart. Todos nós temos nossa missão e devemos nos alegrar com a oportunidade da vida.

Mas, voltando à questão da ansiedade, esse período pré-encarnatório também pode ser responsável por uma série de incertezas, já que ao reencarnar vamos encarar nossas próprias adversidades, nossas limitações, nossas dificuldades na busca pela evolução. Ao nascermos, o *véu do esquecimento* funciona como uma proteção para nós, mas ainda temos nossas intuições, nossas habilidades, nossas ansiedades e nossos medos, que vêm justamente de nossa proposta para esta vida. Então, muitas pessoas têm esse medo do futuro que não sabem de onde vem focado em todas as aflições e incertezas do que estaria por vir. Acompanhada da gestação (com a metáfora da viagem de avião) já descrita neste capítulo, a sensação de ansiedade pode se manifestar nos mais diversos momentos da vida.

Auto chat

Definidas as causas da ansiedade e do medo, separando os medos infundados dos reais e possíveis, o que fazer? A proposta é um exercício carinhosamente chamado de *auto chat*. Para tornarmos as coisas mais claras, chat é um termo relacionado à tecnologia que significa "conversação", ou "bate-papo" usado para designar conversações pelo computador em tempo real.

Pois bem, o *auto chat* nada mais é do que uma conversa, em tempo real, com você mesmo. O exercício pode ser feito em frente ao espelho ou mesmo por escrito, no papel ou no computador, por meio de uma conexão com você mesmo ainda feto ou desde o primeiro momento de consciência de vida.

Caso seja no papel, é válido diferenciar as palavras do "eu atual" em uma cor de caneta (azul), por exemplo, das palavras do "eu anterior" (feto ou espírito) com outra cor de caneta (vermelho). No computador, essa diferenciação pode ser feita com letras maiúsculas para um interlocutor e letras minúsculas para outro.

Definida a ferramenta, a proposta é fazer uma preparação, pedindo ao anjo da guarda proteção e auxílio nesse momento de contato. Em um ambiente sossegado, você começa a perguntar para o feto (que é você mesmo) o que ele está sentindo, se tem algum medo, quais são suas ansiedades. A vantagem é que para a maioria das perguntas que vierem você já saberá a resposta. O essencial é contar que ele conseguiu chegar (conseguiu nascer e crescer), que passou bem por aquele voo, que nasceu, cresceu, desenvolveu-se e encarou seus medos, teve experiências evolutivas e já está com a sua idade atual.

É mais ou menos como se você fosse fazer uma longa viagem e precisasse se preparar para ela, saber exatamente o que colocar na mala antes de embarcar. No *auto chat* você contará a você mesmo o que colocar na bagagem para "aguentar o tranco" em sua existência na Terra.

Pode até parecer loucura em um primeiro momento, mas o exercício dá bons resultados, já testados em diversos pacientes dentro e fora do consultório. A ideia é usar como base o conceito daquele famoso filme de ficção científica da década de 1980, *De volta para o Futuro*, que consagrou Michael J. Fox em sua viagem no tempo até os anos 50, em uma máquina construída por um cientista maluco. Suas trapalhadas e aventuras por pouco não resultam em mudanças no seu próprio futuro.

Conceitualmente, o *auto chat* é muito similar ao filme, já que propõe uma revisão interna de valores, objetivos, comportamentos, medos e ansiedade, para uma nova definição de sua vida futura. Afinal, é preciso ter em mente que o futuro é o passado que a gente constrói no presente, começando agora mesmo, com nossas ideias, nossos pensamentos, nossas autoafirmações, nossa confiança em Deus e nossa busca pela felicidade.

Caso M.M. 35 anos profissional liberal.

Ele me procurou por apresentar um quadro de alteração de comportamento e crise de ansiedade ao fazer uma viagem para Europa.

Relata que nunca teve crise de ansiedade, mas que ao chegar por volta do décimo dia de uma viagem para a Europa, chegando a Nice, uma cidade Francesa, teve uma crise de medo e não conseguiu mais se controlar. Fechou-se no quarto do hotel e não conseguia sair. Seu colega de viagem não entendeu nada e ficou preocupado. Quando o paciente conversava com seus pais no Brasil pelo telefone a ansiedade diminuía, mas logo retornava com muita intensidade.

Após dois dias de desespero, voltou para o Brasil com melhora do quadro, porém preocupado se não estaria apresentando uma doença mental!! Após me relatar com detalhes, (dizia muito que tivera medo de morrer em Nice) encaminhei-o para uma terapia transpessoal, que o levou, a saber, de uma vivência na França, na Idade Média, onde um nobre Francês, fugindo de Paris, quando da Revolução Francesa, se escondera em uma cidade em um pequeno castelo onde foi encontrado pela turba revoltada e morreu enforcado.

Tivemos nessa época a oportunidade de apresentar um programa de rádio com o saudoso Dr. Reynaldo Leite, médium que orientava as pessoas que ligavam ao vivo durante o programa. Levamos esse caso ao Dr. Leite, que além de não conhecer nada a respeito da história confirmou o que tinha sido visto na terapia, trazendo um fato importante e marcante: o hotel em que o paciente se hospedara naquele passeio na Europa era o pequeno castelo da Idade Média onde havia se escondido em época passada!!!

Dicas do autor

Dicas:

- Alimentação correta pode diminuir sensivelmente a ansiedade química.
- Respiração poderá controlar ataques de pânico.
- Autoconhecimento do que lhe causa ansiedade poderá ser o começo da tranquilidade.

3ª Parte
Nível Mental

Capítulo 08

A mente e nossas percepções

Tão importante quanto o físico, o emocional e o espiritual, o nível mental faz parte de todo ser humano, quase sempre associado à aprendizagem, memória, percepção e inteligência. Nesse quesito, nenhuma outra cultura deixou marcas tão presentes na compreensão do nível mental quanto a antiga civilização grega. Muitos conceitos existentes possuem suas origens na especulação de antigos filósofos gregos e médicos. Questões centrais a respeito da fonte dos pensamentos humanos e o mecanismo da atividade cognitiva foram levantados pelos pensadores gregos.

Até hoje, altos executivos de grandes companhias são reconhecidos pelo lado mental, por sua perspicácia e sua capacidade de racionalizar os fatos. Se tivermos de associar o lado mental a algum órgão, certamente será o cérebro, assim também as emoções são naturalmente associadas ao coração. A partir desse raciocínio, a grande questão é: até onde nossa mente influencia nossos comportamentos, habilidades, valores e crenças? Será nosso raciocínio lógico a ditar nossas formas de agir, pensar e tomar decisões racionais? A resposta é não. Embora haja um senso comum em associar a mente apenas ao raciocínio, ela é responsável por comportamentos, hábitos e crenças que influenciam todos os outros níveis.

Para explicar bem mais o nível mental e suas influências em nossa vida, procuramos recorrer à Programação Neurolinguística (ou simplesmente PNL). Trata-se de um conjunto de modelos baseados na ideia de que a mente, o corpo e a linguagem interagem para criar a percepção que cada indivíduo tem do mundo.

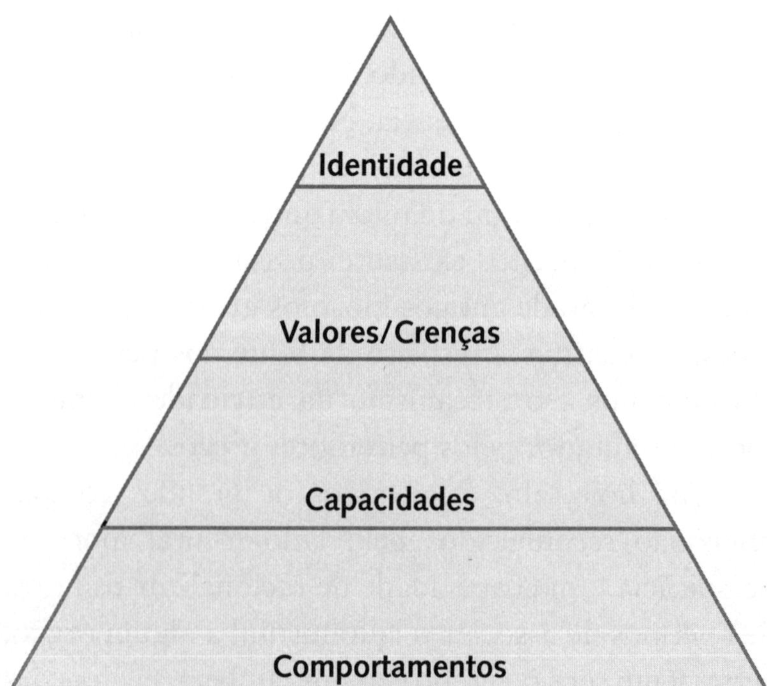

A pirâmide ilustra um pouco essa escala de modelos. Na base, temos os comportamentos, que nada mais são do que nossas ações. As simples ações de nosso dia a dia, nossa maneira de agir frente aos acontecimentos da vida. No entanto, tais comportamentos não partem do nada. Eles são gerados de nossas habilidades, que representam o grau de competência, aptidão ou capacidade que temos para determinadas ações.

Essas habilidades, naturalmente, também vêm de algum lugar. Aí estão nossos valores e crenças. Nesse ponto nós já estamos entrando em nosso inconsciente, o conjunto de processos psíquicos insondáveis, obscuros, ou ainda o reservatório de memórias felizes, traumáticas e reprimidas de nossas primeiras fases de desenvolvimento. As crenças são as generalizações que fazemos acerca das coisas mais simples da vida e que nos ajudam a formar nossos valores, que são os princípios-guia de tudo o que realizamos, pensamos, interpretamos e fazemos.

Acima de tudo isso ainda há mais um estágio – este sim quase que inacessível – que é a identidade, um conjunto de caracteres próprios e exclusivos com os quais podemos nos diferenciar uns dos outros. A verdade é que são muitos os conceitos acerca de identidade, mas um bom começo para compreendê-los é o entendimento de que é a identidade a responsável por tornar cada pessoa um indivíduo particular, único, singular e diferenciado dos demais.

Hierarquia

Uma das melhores formas de compreender tudo isso é fazer um paralelo com uma empresa. É como se encaixássemos nossa pirâmide em uma espécie de hierarquia empresarial. Na base (comportamento) temos os funcionários. Acima deles (habilidades) encontra-se a gerência. Para comandar a gerência estão os diretores (valores e crenças). No topo (identidade), o presidente.

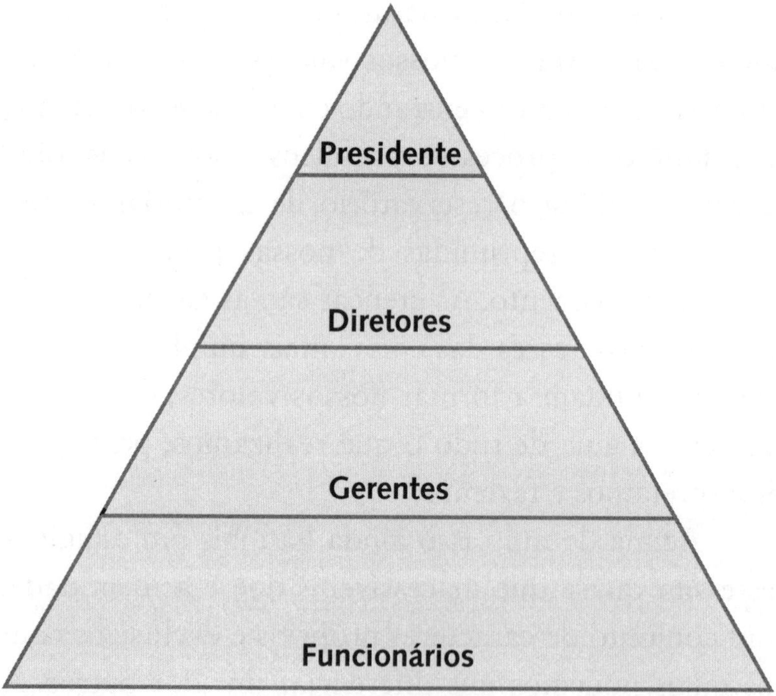

A hierarquia representa a distribuição ordenada de poderes – a composição da cadeia de comando, em que cada integrante é subordinado do elemento que está situado imediatamente acima. É por meio da hierarquia que se estabelecem as relações de autoridade formal entre superiores e subordinados. Assim, cada nível de nossa pirâmide é automaticamente subordinado ao nível acima.

Voltando ao exemplo da empresa, se o funcionário quiser fazer uma mudança no processo produtivo, por exemplo, não vai conseguir sozinho, pois estará subordinado e deverá seguir as regras que a gerência impõe. Então, lhe resta somente obedecer. O comportamento, portanto, está intimamente ligado à habilidade. A gerência, no entanto, também não tem autonomia suficiente para fazer grandes inovações. Para isso, ela depende da decisão dos diretores. Ou seja, nossos valores e crenças é que acabam ditando as regras do jogo na maior parte das vezes, mesmo que inconscientemente.

Pelo retrovisor

Quanto àquela mudança mais radical, nem mesmo os diretores têm poder de decisão. Aí entra a identidade, a autoridade máxima de nossos comportamentos, habilidades, crenças e valores. É a identidade que organiza funções, define mudanças e dá a palavra final em qualquer situação.

Assim também nas hierarquias tradicionais, a regra é a inacessibilidade do presidente. Para nós também funciona assim, pois a **identidade** está plantada no fundo do nosso ser, em um lugar quase inatingível. A maior prova disso é a dificuldade que temos para responder a uma pergunta simples: A que viemos?

Qual é nossa missão nesta vida? A resposta é difícil para todos, por isso podemos comparar a condução de nossa vida à direção de um carro, mas vendo tudo somente pelo retrovisor.

Enfim, dificuldades à parte, a hierarquia está aí e nem sempre é fácil fazer contato com ela. Funciona mais ou menos como a saída dos funcionários de uma fábrica. Ao esperarmos à porta de saída, vamos nos deparar facilmente com os funcionários, nossos comportamentos. Esses são acessíveis o tempo todo. Ainda plantados na porta, podemos ter acesso aos gerentes, que são, às vezes, um pouquinho mais difícil de ser identificados, mas sempre acabamos conseguindo. Assim, as habilidades também são acessíveis.

Já quando o objetivo é encontrar diretores, a missão já vai ficando complicada. Em geral, eles não se misturam aos outros funcionários à saída da fábrica, saem por uma porta diferente. O presidente então, nem se fala. Quase impossível. Esse ninguém nunca vê nem entrando e nem saindo. A grande complicação é que esses níveis hierárquicos permanecem no inconsciente. Mas, o que realmente importa é conhecer sua existência, saber que há sempre algo acima de nossos comportamentos, de nossas habilidades, de nossa capacidade de enfrentar qualquer situação. Esse é o nível mental, responsável por muito mais do que nosso raciocínio lógico.

À medida que trabalharmos nossos comportamentos pelo desenvolvimento de habilidades e conseguirmos acessar nossos valores e crenças, ficará um tanto mais fácil identificar travas internas e buscar o desenvolvimento. A **identidade**, que está acima de todos esses níveis e representa nosso verdadeiro eu – o espírito imortal que atravessa as várias existências na Terra e em outros mundos – necessita de experiências para poder evoluir. Quando, finalmente e realmente nos percebermos como espíritos, poderemos observar a vida como um breve momento na eternidade e os problemas ficarão com o tamanho de desafios passageiros.

Capítulo 09

Comportamentos e Habilidades: da infância à maturidade

Com base no título deste capítulo, você deve estar se perguntando qual é a relação entre os comportamentos e habilidades e a infância. Isso nada tem a ver com a tenra idade cronológica – aliás, a melhor fase de nossa vida – mas com nosso grau de maturidade, pois podemos ser imaturos mesmo sendo adultos. Esse paralelo, na verdade, contribui para uma definição mais precisa de nossos comportamentos e habilidades.

Os conceitos de maturidade se multiplicam por todos os lados. Para uns, ser maduro é ter abnegação, é atender às necessidades alheias. Para outros é resolver divergências de forma pacífica. Há até quem acredite que ser maduro é ter a capacidade de aprender a viver em paz com o que não se pode mudar.

Na verdade, a maturidade pode ser definida como o conjunto de importâncias que mais se aproxima de um referencial da espiritualidade. Explico: somos imaturos quando pensamos somente em nós, igualzinho à criança, que acredita ser o centro do universo, que tudo gira em torno dela. Quanto mais acreditarmos nisso, mais imaturos nós seremos e nossos comportamentos demonstram nossa imaturidade todos os dias.

Muitas doenças, inclusive, estão pautadas no egoísmo, na crença infantil de que quando a minha criança interior não é satisfeita, algo está errado e é preciso protestar de alguma forma. O corpo sente e muitas moléstias acabam aparecendo. Se olharmos o egoísmo como a base de todas as doenças, vamos olhar nossa parte infantil não satisfeita fazendo birra, conforme a teoria dos Neuróticos Anônimos N/A, um grupo formado nos Estados Unidos por um integrante dos Alcoólicos Anônimos que adaptou o programa para problemas emocionais.

A principal referência teórica dos N/A é o livro *As Leis da Doença Mental e Emocional* (1996), conhecido entre os membros do grupo como Livro Vermelho. Trata-se de uma coletânea de artigos publicados no Journal of Mental Health (EUA), que define as doenças todas como resultados de distúrbios emocionais. (Veja mais sobre os doze passos dos alcoólicos anônimos no site http://www.alcoolicosanonimos.org.br).

Em suma, a birra de nossa criança interior pode ser a própria doença. "Se não é do meu jeito, não brinco mais"... Quem não se lembra desta frase célebre que toda criança algum dia já pronunciou? Quando se trata do adulto, o organismo é que sofre, pois aí chega a depressão, algum tipo de tumor, problemas de tireoide, entre outros tantos problemas. Os conflitos psicológicos, portanto, levam a comportamentos que podem resultar em alterações biológicas.

O primeiro passo do tratamento consiste justamente na conscientização do real problema, do valor que levou o paciente a determinado comportamento que pode ter resultado na doença. Processos terapêuticos ou de autoconhecimento são capazes de acabar com os conflitos internos, ajudando o paciente a encontrar um meio-termo, achando uma forma de satisfazer suas necessidades aprendendo a conviver com as de outras pessoas.

A verdade é que a criança somente amadurece porque passa por necessidades não satisfeitas. Com o tempo e as experiências da vida, a criança acaba compreendendo melhor tal processo e a maturidade vem naturalmente. Da mesma forma esse processo acontece com o adulto, em alguns mais cedo, em outros mais tarde. Quanto mais maduro, mais preocupado em servir do que em ser servido, em encontrar uma solução pacífica e viável a todos, em compreender, em dominar seu próprio egoísmo.

Habilidade

Seguindo a escala de nossa pirâmide, logo após o comportamento vem nossa habilidade, o grau de competência de alguém frente a um determinado objetivo, uma espécie de conhecimento, que pode ser tanto técnico quanto emocional. Muito embora não sejam suficientes para modificar por completo nossos comportamentos, as habilidades nos auxiliam a dominá-los, a dar o primeiro passo para a mudança.

É claro que, no fundo, quem dará a palavra final no comportamento será mesmo o valor ou crença (são as forças internalizadas em algum momento da nossa existência), nosso diretor interno. No entanto, a habilidade faz o papel do gerente, que procura preparar para a mudança, oferecer informações, tirar dúvidas.

Aquele velho exemplo da mulher tentando, desesperadamente, emagrecer é um dos melhores para explicar a questão. Claro que apenas se informando acerca da importância da boa alimentação, ela não conseguirá mudar seu comportamento de comer demais se ela tiver uma "ordem" interna de um desses diretores (crenças) que ela deve se manter acima do peso!!! É isso mesmo, você entenderá melhor no parágrafo seguinte.

Esse pode ser o caso de alguém que tem dificuldade em lidar com sua própria sexualidade, com a sensualidade feminina. Por não saber lidar com isso, se ficar atraente poderá ter muitos problemas. Pacientes assim – e não são poucos – por algum motivo desenvolveram ao longo da vida um sistema de crenças e valores para não ficarem atraentes. Inconscientemente, acabam usando a gordura para isso. A crença poderá ser: ser atraente poderá causar muito sofrimento.

Em um trabalho terapêutico, esse tipo de paciente vai buscar um acordo com essa crença que a impede de emagrecer, pois não quer sofrer com a questão afetiva. Quando se trata de saúde, o mais importante de tudo é identificar o problema e procurar métodos para lidar com ele. Nesse caso específico, lidar com ele significa identificar uma trava, aprender a colocar limites nas pessoas e ser, por exemplo, mais assertiva em como lidar com os assédios. Além de trabalhar o valor, o processo lida muito com o desenvolvimento de habilidades. Trata-se de desenvolver um conhecimento a seu favor, que é o autoconhecimento.

Podemos dizer que a habilidade também está dividida em quatro níveis: físico, emocional, mental e espiritual.

No nível físico é aumentar a percepção concreta, ou seja, passar a comer melhor, dormir bem, praticar exercício físico.

No emocional é buscar o autoconhecimento em livros ou em processos terapêuticos.

No mental é estudar padrões filosóficos, promover reflexões, buscar o conhecimento técnico, fazer cursos a respeito do tema em questão.

No espiritual é conferir a real importância ao lado espiritual, é buscar a ajuda de uma religião, é encontrar uma filosofia de vida. Tudo isso para buscar o equilíbrio em nossas habilidades e reduzir o stress em nossa vida.

Abaixo, você pode conferir aquilo que chamamos de gráfico do stress, com as melhores formas de se lidar com ele.

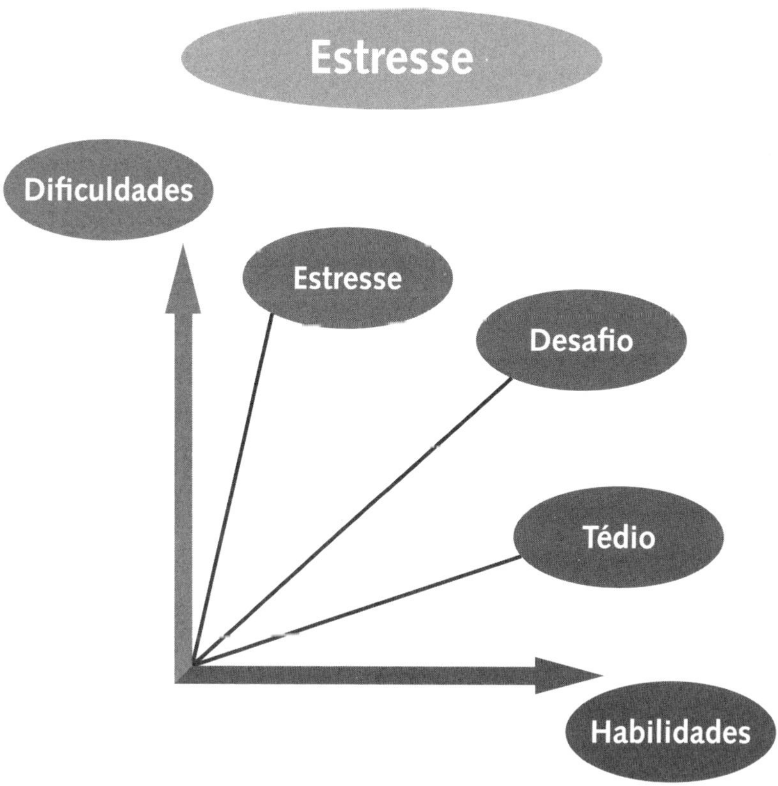

Este gráfico mostra que o stress é o oposto do tédio. O que chamamos no gráfico de "estresse" é o desafio, que faz parte do nosso processo de crescimento e que nos motiva para a evolução. Precisamos de desafios para descobrir do que somos capazes, superar nossos limites e evoluir. É esse meio-termo, portanto, que temos de buscar. Toda vez que estivermos passando por um stress, a vida estará pedindo que aumentemos nossas habilidades e partamos para o desafio. Certamente, com esse propósito e desenvolvendo boas habilidades, estaremos em condições de acessar nossos valores com maior assertividade na busca pela evolução.

Dicas do autor

Dicas:

- Faça uma lista do que te estressa, e avalie o que falta em termos de competências /habilidades para você lidar com aquelas situações de maneira mais serena!
- Planeje desenvolver essas competências, até uma data limite, permita que o "professor vida" te mostre "como" poderá fazer isso!
- No capítulo seguinte talvez você encontre o "porquê" acha que não tem essas competências.

Capítulo 10

Valores e Crenças, os grandes dirigentes

Como a identidade, os valores e as crenças estão no nosso inconsciente, contamos todos os dias com pistas de quem realmente somos. São os nossos comportamentos. Na verdade, conhecemos nossa personalidade apenas pelos nossos comportamentos e habilidades, que são nossa maneira de agir, aquilo que fica claro e explícito para quem estiver ao nosso redor, o que significa que nem sempre você é a pessoa que melhor se conhece.

Aliás, o pai da psicanálise Sigmund Freud já dizia que somos 90% inconscientes e 10% conscientes de nós mesmos. Na realidade, o consciente é somente uma pequena parte da mente, que inclui tudo de que estamos cientes em um dado momento. Embora Freud estivesse interessado nos mecanismos da consciência, seu interesse era muito maior com relação às áreas da consciência menos expostas ou exploradas, que denominava pré-consciente e inconsciente.

A premissa do médico era de que há conexões entre todos os eventos mentais. Quando um pensamento ou sentimento parece não estar relacionado aos pensamentos e sentimentos que o precedem, as conexões estão no inconsciente. Uma vez descobertos esses elos inconscientes, a aparente descontinuidade está resolvida. Segundo ele, a maior parte da consciência é inconsciente. Ali estão os principais determinantes da personalidade, as fontes da energia psíquica, as pulsões e os instintos.

Enfim, nosso material de análise diária é realmente composto pelos comportamentos e habilidades. No entanto, quando paramos para avaliar comportamentos, percebemos os mais diversos paradoxos. No consultório, sobram casos de pacientes em busca de compreender seus comportamentos para, então, dar-lhes um rumo mais adequado. Eles mudam o comportamento e pouco depois voltam a repeti-lo.

Um bom exemplo é a alimentação. O paciente sabe que come mal, que precisa mudar, e que quer perder peso, mas não consegue sustentar uma dieta por mais de uma semana. Não aguenta as privações em longo prazo e volta a "pecar" no gerenciamento da própria nutrição. Parece que existe uma força que "vem de cima" (da pirâmide ou hierarquia de forças) que, inconscientemente, obriga aquela pessoa a voltar ao seu comportamento alimentar habitual.

! IMPORTANTE

O paciente sabe que come mal, que precisa mudar, e que quer perder peso, mas não consegue sustentar uma dieta por mais de uma semana.

Aí esse paciente busca ajuda, apela ao seu gerente (habilidade) e procura se capacitar para sua meta lendo a respeito do tema, conversando com seu médico ou seu nutricionista. É como o funcionário se capacitando para gerenciar aquele comportamento. No entanto, mesmo estabelecendo um sistema de ação muito mais consciente, parece não ter autonomia para fazer a mudança... E volta a comer mal novamente.

O que nem sempre as pessoas entendem é que o simples fato de ter conhecimento não é suficiente para fazer a mudança de comportamento. Ninguém entende mais de dieta do que o obeso, mas nem sempre este conhecimento adianta para alguma coisa. Isso ocorre porque as ordens vêm mais de cima, dos diretores, que são os valores e as crenças. Para mudar um comportamento, não vale mexer somente na habilidade, mas nos valores.

Os exemplos se multiplicam. Quem não conhece a nutricionista acima do peso, o professor de ginástica com alguns quilinhos a mais, e até o médico pneumologista – fumante inveterado? São aquelas pessoas que detêm o conhecimento, a habilidade, contudo elas não conseguem identificar sua crença, aquela que realmente determina seus hábitos.

Vícios e crenças

Qualquer tipo de vício pode vir de uma crença. Certa vez, um paciente com quase 60 anos, que fumava desde os 13, procurou ajuda para eliminar seu vício. Tantos anos de tabagismo lhe renderam problemas cardiológicos, mas apenas a vontade de parar de fumar não era suficiente para sua realização.

Quando começou a fumar, ele vivia um momento de perda, pois seu pai havia falecido e ele era o irmão mais velho, assumindo a posição de "homem da casa". Aos 13 anos, porém, ele não sabia ser o "homem da casa". Era época dos filmes de faroeste e os mocinhos fumavam... No desenvolvimento de sua crença, houve uma associação entre o fato de fumar e o de amadurecer, de ser o homem da casa.

Ficou viúvo e se casou novamente. Já vivia outra situação, mas não conseguia se livrar do vício. É como se, aos 13 anos, ele tivesse contratado um "diretor interno" (valor ou crença) que o incentivasse a amadurecer mais cedo por meio do cigarro. Na verdade, é a identidade que contrata esse diretor, dá ordens a ele e essas ordens vão se refletir nas crenças, valores, habilidades e comportamentos. Enquanto esse "diretor interno" estiver lá, irá cumprir o seu papel. Por isso, quem busca o autoconhecimento vai procurar identificar esse diretor e aposentá-lo de uma vez por todas.

A primeira dificuldade é identificar o diretor (crenças e valores). A partir daí, o esforço é convencê-lo de que já fez seu papel e que é hora de parar. À medida que descobrimos nossas crenças e tomamos consciência de nossos valores, fica mais fácil transformar.

Estrela-guia

Os valores e as crenças, na verdade, são como as estrelas-guia de nosso firmamento, as bússolas que ajudam a guiar nossos passos. O problema é que nem sempre olhamos para cima, nem sempre nos dispomos a enxergar nossas estrelas. Existem algumas formas de fazer isso. Uma delas é o processo de autoconhecimento, por meio da terapia. Outra forma, bem mais radical, é o trauma.

Muitas vezes, ao sofrermos um trauma, tiramos um diretor de seu lugar e automaticamente o substituímos por outro. É o caso, por exemplo, de alguém que faz um exame de pulmão e descobre que tem um tumor. Existe grande probabilidade que, nesse exato momento, entre em ação outro sistema de valorização, que é a vida. Parar de fumar, então, fica mais fácil. O processo é tão intenso, que a troca de diretores acontece na marra, mesmo sem a pessoa entender direito o que estiver acontecendo. De repente, algo acontece e faz aquela pessoa checar de forma mais violenta seu sistema de crenças e valores. Neste caso, fica nítido que é mais importante viver do que continuar fumando.

Olhos nos olhos

A substituição de valores e crenças, portanto, ocorre ou por consciência ou por trauma. Em ambos os casos, o passo seguinte é um processo natural de autoconhecimento, por isso as pessoas procuram por ajuda psicológica ou psiquiátrica. O fato é que, na maioria das vezes, não é possível chegar lá sem ajuda. Afinal, não dá para olharmos nossos olhos sem um espelho. Justamente por isso, boa parte das pessoas busca o autoconhecimento por necessidade. São raras as pessoas que querem fazer a mudança antes de encarar o problema.

Há ainda os valores conflitantes. Nessa queda de braço, ganha sempre o mais forte. No caso do paciente que fumava desde os 13 anos, entre ser saudável e ser homem, agora o mais importante é ser saudável e, para isso, é preciso parar de fumar. Assim, um valor pode derrubar o outro, em uma briga interna que consome muita energia. Ao cair um valor, cai também uma crença.

Outro caso recorrente é o de mulheres que chegam ao consultório com o objetivo de perder peso. Não raro, foram crianças que escutaram da família durante anos e anos que para ser bonita e saudável é preciso ser gordinha. Inconscientemente, essas crianças podem criar uma crença de que é bom ser gordinha, com o valor de se tornarem bonitas e saudáveis.

Assim, a crença nasce de algo que foi valorizado ou interpretado. Toda vez que generalizamos algo a partir de uma interpretação, criamos um sistema de crenças. O resultado disso todo mundo sabe: quantas e quantas pessoas querem emagrecer e não conseguem, sabem fazer dieta, mas não vão adiante com nenhuma delas.

Em linhas gerais, existem dois tipos de valores: valores-meio e valores-fim. Valor-meio é aquele que utilizamos ao chegar a determinado resultado. Se você quer ir de São Paulo ao Rio de Janeiro, provavelmente vai utilizar a Via Dutra. O fim é chegar ao Rio de Janeiro. Parece simples, não? Pois é, mas comumente nos confundimos nas situações da vida. Muitas vezes permanecemos na Via Dutra, achando que ela é o principal objetivo. Se a estrada estiver interrompida, as pessoas ficam paradas, esquecendo que há outros meios para chegar ao fim.

Valores e sentimentos

Não é difícil diferenciar os valores-meio dos valores-fim. Os valores-fim são, normalmente, sentimentos. Os valores-meio são os concretos. Para exemplificar, vamos imaginar uma pessoa que quer se sentir realizada profissionalmente. Essa pessoa faz um esforço, entra em uma empresa e enxerga sua realização tal qual membro da diretoria. Aí essa pessoa luta por isso, chega lá e acaba percebendo que ser somente diretor não basta. Quer ser presidente e parte para esta meta. Ao conseguir, não consegue se sentir realizada. E, então, chega à depressão...

Na realidade essa pessoa se confundiu ao achar que ser presidente seria o valor-fim, quando o valor-fim era o sentimento interno de realização, que não vem somente com a carreira. O valor-meio é mais concreto. A família, por exemplo. Ela é concreta e é importante, mas pode ser o valor-meio de alguém que deseja atingir a felicidade ou a realização. Se essa pessoa tiver uma família estruturada, vai se sentir realizada. Daí se conclui que o valor-fim é o sentimento interno de felicidade.

O dinheiro é importante, mas é um valor-meio, nunca um valor-fim, pois ninguém é feliz tendo somente dinheiro. As pessoas querem aproveitar esse dinheiro com quem amam, querem utilizar esse dinheiro para chegar à felicidade. Ao nos conscientizarmos disso, o mais importante é descobrirmos nossos valores-fim e, então, obtermos a ajuda dos valores-meio para chegarmos lá.

Um bom exercício na identificação de valores é fazer uma lista das dez coisas mais importantes para você nesse momento da sua vida. O segundo passo é fazer uma hierarquia de importância. Em outra lista, coloque as dez coisas que você gostaria que fossem importantes. Compare as listas e identifique os valores que se repetem. A partir daí, ficará mais fácil identificar suas crenças, que normalmente estão ligadas aos valores.

Vamos imaginar, por exemplo, os conflitos de uma mãe de crianças pequenas, que deseja avançar na carreira. Quais seriam os valores-meio do lado profissional da mulher? O dinheiro, o status, a carreira. E os valores-meio da mãe? A saúde dos filhos, o tratamento e a boa nutrição das crianças, a atenção dispensada a elas.

Enquanto a discussão for acerca dos valores--meio não haverá acordo. O segredo é analisar pelos valores-fim. Para a profissional o valor-fim seria o sentimento de realização, assim também para o lado mãe. Os caminhos são diferentes, mas o sentimento final é o mesmo. Ao perceber isso, será muito mais fácil estabelecer um acordo entre essas duas partes e atingir os objetivos propostos.

Dicas do autor

Dicas:

- Escreva 10 situações ou coisas de sua vida que são muito importantes.
- Faça a hierarquia.
- Escreva os seus 10 maiores medos.
- Hierarquize.
- Agora compare, em termos de forças em sua vida, as duas listas e veja qual lista está mais presente em suas decisões!!!
- Após a reflexão escolha por qual lista você deseja viver – pelo medo ou pelas oportunidades!!!

4ª Parte
Nível Espiritual

Capítulo 11

O INVISÍVEL A "OLHO NU": DESCOBERTAS

Você já parou para pensar em quanto o invisível influencia sua vida, seu comportamento e até sua saúde? É fácil entender. Considere a hipótese de entrar em sua casa, em um dia comum, e se deparar com um odor muito forte que vem da cozinha. Ao se aproximar do cômodo, você fica tonto, nauseado e percebe de repente que alguém da sua família está desmaiado no chão. Você olha para o fogão e descobre que o fogo apagou em uma rajada de vento e o botão do gás continua ligado. Sem pensar duas vezes, você corre para desligar o botão, abre portas e janelas para dissolver o gás invisível e, então, socorre quem sucumbiu. De fato, você não viu nada, porque o gás é invisível, mas você sentiu a presença dele e sua forte influência naquele local.

Do mesmo modo que o gás, existe muito mais coisas invisíveis do que sequer imaginamos. Coisas que não vemos, mas podemos sentir por meio de nossos órgãos sensoriais. Neste capítulo, falaremos a respeito das situações invisíveis aos cinco sentidos, mas perceptíveis naquele que chamamos de sexto sentido, aquela voz interna que sussurra insistente, dizendo "Faça", "Não vá", "Cuidado"... Dá até a impressão de um chamado que vem de uma parte nossa que não sabemos exatamente identificar, de um plano diferente das sensações.

Há quem chame de intuição, outros de premonição ou ainda de uma simples percepção de planos invisíveis ao olhar comum. Explicações à parte, todos temos essa voz interna, que nos ajuda a seguir nossa rota e, muitas vezes, acertar a decisão a tomar. O fato é que é quase sempre o sexto sentido que nos faz identificar o invisível. E ele está aí, acreditando ou não... Ele está aí.

Para quem insiste em não acreditar, vamos a um exemplo histórico que influenciou a medicina através dos últimos séculos e o controle das infecções na Humanidade.

Há cerca de 150 anos, em uma clínica obstétrica austríaca, um médico húngaro chamado Ignaz Philipp Semmelweis (1818-1865) começou a observar as mortes em partos. A fama da clínica na época era de grande número de óbitos e o jovem médico passou a notar uma diferença do número de óbitos de parturientes entre as que eram atendidas por médicos e as que eram atendidas por parteiras.

Semmelweis detectou em sua pesquisa que, entre os óbitos no pós-parto, 15% vinham dos partos feitos pelos médicos e apenas 2% dos procedimentos conduzidos pelas parteiras.

A febre puerperal matava. Mas, o que exatamente fazia com que sua ocorrência fosse maior entre as pacientes atendidas justamente pelos médicos? A questão levantada pelo húngaro o estimulou em suas observações mais minuciosas, já que não havia respostas na ciência oficial da época para as diferenças observadas.

Outro fator que inquietava o médico era uma crença de que as doenças eram todas de fundo espiritual, chamadas de miasmas.

A maternidade estava dividida em duas unidades: a primeira para o ensino de médicos e a segunda para o de parteiras. Essas unidades ficavam lado a lado. Como, então, esses miasmas não se espalhavam?

Semmelweis passou a comparar minuciosamente as duas unidades. Ele acreditava que o maior número de casos na primeira clínica se devia a uma causa endêmica ainda desconhecida e que, uma vez identificada, poderia ser controlada. Sua insistente observação concluiu que, enquanto os médicos saíam de necropsias e procedimentos com ferimentos, diretamente para o parto, as parteiras – que não tinham participado de nenhum outro procedimento com secreções e doenças – conservavam um hábito de lavar as mãos antes do parto.

Somado a tais fatos havia o status de que um médico sujo de sangue e secreções era um bom profissional e trabalhava muito, tinha muita competência. Nessa mesma época de desconhecimento da interferência dos micro-organismos, o cientista francês Louis Pasteur ainda estudava as secreções humanas nos microscópios, sendo com isso ridicularizado pela classe médica.

A partir de suas conclusões, Semmelweis propôs que os alunos e médicos passassem a lavar as mãos antes dos partos e fixou um cartaz na clínica com os seguintes dizeres: *A partir de hoje, 15 de maio de 1847, todo estudante ou médico é obrigado, antes de entrar nas salas da clínica obstétrica, a lavar as mãos com uma solução de ácido clórico na bacia colocada na entrada. Esta disposição vigorará para todos, sem exceção.* O índice de mortalidade que estava em torno de 18,27% em abril, a partir de junho caiu para uma média de 3,04%. Os resultados eram surpreendentes e comprovavam as suspeitas de Semmelweis.

O invisível, nesse caso verídico, que mudou os rumos da medicina, eram os micro-organismos. A simples proposta de fazer a higiene resolveria o problema, não fosse o orgulho da classe médica da época. Mesmo com os resultados favoráveis, a maioria dos médicos entendeu que tal determinação ia contra o seu status e não aceitou a decisão de Semmelweis, que acabou sendo expulso de Viena. O médico foi criticado, chegando a surgir dúvida até mesmo quanto à sua sanidade mental. Acabou morrendo em um manicômio em 1865.

Aqui vale uma reflexão. Digamos que eu levasse a um grande hospital a hipótese de que muitas vezes uma cirurgia, ou um doente que ficou internado em um quarto por muito tempo e por motivos graves, "deixasse" o lugar contaminado pelos seus temores, raivas, incompreensão de sua doença, etc. E que esse quarto ou sala cirúrgica precisaria de um processo de "descontaminação", dessas "sujidades", propondo métodos de "lavagem através da visualização" de pessoas especializadas nesse setor!!!

Como você acredita que eu seria recebido e "avaliado" pelos diretores do hospital? Como não quero ser levado a nenhum manicômio, proponho para você leitor fazer isso toda vez que estiver em uma situação dessas, e quem sabe se alguém, além da minha família ler este livro, possa conhecer algum diretor de hospital para levar adiante essa ideia!!!

A história do médico húngaro deixa uma grande lição, não apenas à medicina que passou a obter maiores índices de sucesso depois da adoção da assepsia, mas também a todos aqueles que acreditam que o invisível pode, sim, influenciar a vida das pessoas. Afinal, a crença na influência do invisível na vida dos homens existe desde os princípios da História. Os povos antigos, os Romanos, os Egípcios, os Indígenas... Multiplicam-se os povos que sempre acreditaram nesse tipo de interferência. Com o passar dos séculos, a ciência mostrou seu paralelo, revelando ainda mais o invisível e seus resultados.

Bobagem negar sua existência. O ceticismo – palavra derivada do grego que significa "olhar a distância", "examinar", "observar" – é a doutrina que afirma que não se pode obter certeza absoluta a respeito da verdade, o que implica uma condição intelectual de questionamento permanente e a inadmissão da existência do invisível. O termo originou-se a partir do nome comumente dado a uma corrente filosófica originada na Grécia Antiga. Contrários a essa crença, nossos amigos gregos também se renderam ao invisível e criaram sua mitologia.

A seguir, veremos muitos exemplos do invisível sob o ponto de vista da própria ciência, transcendendo até mesmo a Espiritualidade. Cabe a cada um de nós, a exemplo de Semmelweis, buscar a proteção das "contaminações" de tudo aquilo que está – não se sabe até quando – invisível. Por isso, essa parte do livro é um convite à reflexão, ao conhecimento a respeito dos aspectos energético, vibracional e espiritual e, mais do que tudo, um relato com exemplos reais acerca do invisível.

Capítulo 12

Campos Morfogenéticos

Dentro do conceito do invisível e sua influência acerca de cada indivíduo e a sociedade, o que exatamente um cardume teria a nos ensinar? Por incrível que pareça, muito. Os cardumes representam grande metáfora de algo que nem todo mundo conhece, mas que pode ser a explicação para muitas dúvidas, incertezas e até doenças: os campos morfogenéticos.

Para compreensão mais ampla do tema, basta observar por algum tempo o comportamento de um cardume. É impressionante como todos os peixes agem em sintonia, podendo responder a ameaças muito rapidamente. É como se houvesse sinais instantâneos entre os peixes, o que lhes permite trabalhar em conjunto pelo seu bem comum, uma espécie de energia que liga todos os integrantes daquele grupo.

O biólogo inglês Rupert Sheldrake ficou muito conhecido por sua teoria dos campos morfogenéticos. Segundo o cientista, os campos morfogenéticos são estruturas invisíveis que se estendem no espaço-tempo e moldam a forma e o comportamento de todos os sistemas do mundo material. Suas observações científicas começaram justamente com os animais e seu processo de comunicação. De acordo com o autor, todo átomo, molécula, célula ou organismo que existe gera um campo organizador invisível e ainda não detectável por qualquer instrumento, que afeta todas as unidades desse tipo.

Difícil de entender? Vamos a mais um exemplo. Em seu livro *Sete experimentos que podem mudar o mundo*, Sheldrake cita uma pesquisa feita com estudantes ingleses, instruídos a decorar poemas chineses. Três tipos de poemas foram escolhidos para o experimento. Ao primeiro grupo foram destinados os poemas milenares. Ao segundo grupo de estudantes os poemas atuais e ao terceiro grupo um aglomerado de palavras sem sentido. Tudo em chinês, ou seja, ninguém fazia ideia do que estava sendo dito.

O intrigante resultado foi que o primeiro grupo decorou com muita facilidade os poemas milenares, mesmo sem entender seu significado. O segundo grupo já teve muito mais dificuldade com a tarefa proposta e o terceiro grupo não conseguiu decorar nada. O biólogo concluiu que no caso dos poemas milenares houve muito mais facilidade por serem eles cantados e entoados há milhares de anos por milhares de chineses, o que criou um campo mórfico muito intenso. Essa talvez seja a razão para o sucesso dos mantras das religiões orientais no ocidente.

Na linguagem da internet temos hoje em dia descrições que nos ajudam a entender o mundo virtual: deixamos nossos arquivos na nuvem?! Isto é, a internet que não existe em um espaço físico "cria" espaços virtuais denominados de nuvens, para guardar informações. Nossos pensamentos, atitudes e sentimentos também podem estar em sintonia com "nuvens" formadas pelos pensamentos, atitudes e sentimentos formados por outras pessoas, criando os campos mórficos do Dr. Shaldrake.

Branca de Neve

Nesta linha de raciocínio, é como se comparássemos a assimilação da história da Branca de Neve por crianças pequenas, comparada com qualquer outra história inventada na hora. Por melhor que fosse a história criada, por mais envolvente e cheia de detalhes, não teria o mesmo grau de impacto do mais famoso conto de fadas de Walt Disney, que desde a década de 1930 encanta crianças e adultos de todo o mundo com as fantásticas aventuras de uma princesa e seus sete adoráveis amigos anões.

Por meio de uma extensa bibliografia, Sheldrake identifica e explica a presença dos campos mórficos, que são campos de energia a envolver os seres vivos.

Ou seja, todos nós ao pensarmos, falarmos ou agirmos, criamos campos de energia o tempo todo. Esses campos são como gases que nos envolvem, envolvendo nossos ambientes e as pessoas com quem convivemos. Em nossa casa ou no nosso trabalho, nossa atitude mental cria esse campo de energia, onde nós influenciamos e também somos influenciados. Incrível, não?

De acordo com a teoria desenvolvida por Sheldrake, se durante mil anos monges tibetanos fizerem meditação em determinado templo, qualquer pessoa que entrar nesse templo com o propósito de meditar, ainda que nunca tenha meditado, terá mais facilidade porque acessará esse campo de energia de meditação.

No consultório sobram exemplos. Apenas para citar um deles, certa vez um jovem paciente, de apenas 15 anos, buscou ajuda apresentando um quadro de depressão. Ele relatava sentir algo ruim de forma muito intensa, tinha maus pensamentos, sensação forte de falta de esperança na vida. Intrigante como alguém tão jovem, com uma vida inteira pela frente, poderia estar tão deprimido.

Ao longo da consulta, o paciente foi revelando que tudo isso começara a acontecer de forma aguda e repentina, após uma reprovação em uma escola técnica. A partir desse acontecimento, o jovem começou a achar que a vida dele não tinha mais sentido, não havia mais esperança. Claro que ele mesmo não entendia o que estava acontecendo, já que uma simples reprovação em um exame técnico não seria suficiente para tamanha melancolia.

Questionado acerca do local da escola técnica, o paciente deu suas coordenadas. Por mais incrível que possa parecer, ali estava a grande pista para a solução do problema, pois a escola havia sido construída em um espaço físico onde, durante muitos anos, tinha funcionado um presídio. Baseada no mestre Sheldrake, a conclusão é que ele havia se contaminado pelo campo mórfico de revolta, inconformismo e desesperança que ainda existia no local, embora a construção física já tivesse cedido lugar a uma escola.

Felizmente, a tomada de consciência é o primeiro passo para superar a crise. Por isso, após tirar suas dúvidas, o paciente foi encaminhado a um tratamento psicoterapêutico especializado para tratar o problema, além, é claro, da busca pela ajuda espiritual por meio da religiosidade e da crença em Deus. A melhora foi rápida.

Antivírus

O tratamento funciona mais ou menos como passar um antivírus em uma máquina contaminada. Mas, o principal passo é detectar os motivos, as razões que levaram àquela circunstância. Comparado a uma Internet Cósmica, o campo morfogenético é formado por pensamentos, emoções e atitudes que se conectam a sites afins. De acordo com nossas atitudes, o "site" que acessarmos trará as informações contidas nele e conforme a intensidade que buscarmos as informações no site, nós podemos fazer um *download*, baixando programas que podem até conter vírus. Nosso computador cerebral estará, então, contaminado.

Aproveitando o exemplo da rede, em certo sentido essa Internet Cósmica dá acesso a programas como um Youtube virtual. Cada um põe o seu filme e todos assistem. Por isso, cresce a probabilidade de entrar no padrão do filme de outras pessoas.

Continuamos circulando em terreno invisível. Para citar mais um exemplo, basta pensar em um jogo de vôlei. Todo mundo que está assistindo percebe, intuitivamente, que a equipe que está ganhando tem produtividade melhor, astral melhor e, por isso, está marcando mais pontos. Não raro o técnico da equipe adversária investe seu tempo, conhecimento e habilidade em mudar a energia da equipe com desempenho inferior. O campo de energia fica diferente e os adversários viram o jogo.

Querer e desejar

A partir dos campos morfogenéticos, podemos detectar uma diferença sutil, mas muito importante, entre o querer e o desejar. Imaginemos que estamos cuidando de uma planta. Desejamos que ela cresça. Mais do que isso, queremos muito que ela cresça, só pensamos nisso e só agimos para que isso aconteça. Temos tanto medo da planta não crescer, tanta ansiedade, que jogamos muita água, a adubamos excessivamente, deixando-a muito tempo exposta ao sol até que a planta acaba sufocando.

Ao mesmo tempo em que colocamos energia para conseguir algo, desenvolvemos ansiedade destrutiva pelo medo de não conseguir. Criamos assim um campo de bloqueio aos nossos próprios objetivos. Com a vida pessoal funciona exatamente assim. Ao invés de querer algo, devemos desejar e fazer a nossa parte para que aquilo aconteça, sem exageros. Dessa forma, o desejo fica menos tenso, menos ansioso e mais natural. A melhor receita é a confiança naquilo que podemos chamar de "auditoria divina", que vai definir se aquilo que desejamos é realmente o melhor para nós.

Com seu trabalho, Sheldrake nos mostra um mundo no campo do invisível. Esse mundo invisível existe, mas temos apenas alguns reflexos dele sem a compreensão adequada para enxergá-lo completamente. Além de Rupert Sheldrake, que é um cientista, muitas outras pessoas comuns descrevem as percepções que têm desse mundo invisível.

Agora que compreendemos mais amplamente, fica mais fácil perceber a existência de um mundo espiritual, que abriga muito mais do que podemos sequer imaginar, influenciando diariamente nossas vidas. A proposta agora é ampliar a nossa visão e a nossa percepção desse universo, regido por leis que mesmo sem conhecermos se faz presentes todos os dias nos rumos da Humanidade. Viemos desse mundo, fomos criados dentro dele. Antes da carne, somos espíritos.

Capítulo 13

O Inconsciente Coletivo

Você certamente já ouviu falar na força do pensamento. Quando você pensa em algum amigo ou em um membro da família, ondas mentais semelhantes às de emissoras de rádio viajam através do espaço, chegando à mente daquela pessoa em quem você está pensando. Não raramente essa pessoa te telefona, te manda um e-mail ou então vocês acabam se encontrando. Todo mundo conhece situações assim. Coincidência? Definitivamente não. É a força do pensamento e não há nada de místico ou esotérico nisso, já que o pensamento é a vibração da consciência.

Energeticamente falando, essa vibração forma uma força magnética que atrai para a pessoa o objeto do seu pensamento. Dependendo da intensidade mental e do grau de concentração da pessoa, esse pensamento poderá ser vitalizado e materializado, transformando-se em realidade.

Se o pensamento intenso de uma pessoa é capaz de gerar um telefonema, um encontro ou até algo mais representativo em sua vida, que dirá um pensamento coletivo. É o caso, por exemplo, dessas grandes calamidades que povoam os noticiários todos os dias. Tomemos como exemplo qualquer um desses casos de grande comoção popular, que comovem o Brasil em torno de assassinatos e prisões dos suspeitos. Todos que assistem a casos assim na televisão dispensam atenção ao fato, falam dele, vibram por ele e, naturalmente, formam imagens que podemos chamar de "tela mental".

É mais ou menos como a tela de um cinema, com várias pessoas assistindo às mesmas imagens. A diferença é que a tela mental é invisível, mas muitas e muitas pessoas imaginam cenas a respeito daquele mesmo assunto, projetando imagens nessa espécie de tela. Pelo grau de repercussão do caso, essa tela acaba se tornando coletiva, gerando sentimentos de piedade, revolta e até sensação de medo de determinada situação.

Esse é o inconsciente coletivo, uma mistura de sentimentos, sensações e imagens mentais acerca de determinado assunto. Muitas vezes, portanto, você pode achar que esteja imaginando algo, mas o que pode estar acontecendo na verdade é que você entrou nessa tela mental de outras pessoas, ou seja, no inconsciente coletivo.

É como se fosse um campo de energia em que todos se sintonizam com as mesmas sensações, que se retroalimentam e vão aumentando sua força com a entrada de novos indivíduos. Os exemplos em nosso dia a dia são muitos. A crise financeira internacional de 2008 rendeu frutos no inconsciente coletivo. Embora diversas análises econômicas comprovassem que a crise estava afetando muito mais os Estados Unidos e a Europa, as pessoas no Brasil tiveram muito medo, uma espécie de pavor coletivo da ruína dos negócios e da perda de empregos. Ao final da crise, o balanço numérico mostrou outro panorama na economia nacional, que não chegou a sofrer grandes efeitos da crise internacional. Mesmo assim, o inconsciente coletivo deu conta de gerar muita apreensão.

O vírus H1N1, popularmente chamado de Gripe Suína, é outro excelente exemplo para facilitar a compreensão do tema. Diversos países vinham passando pelo problema, mas no Brasil a situação não estava tão grave. No entanto, bastava ligar a televisão para assistir ao pânico geral acerca da doença e o medo foi crescendo no inconsciente das pessoas a tal ponto, que os prontos socorros dos hospitais ficaram lotados de casos de gente com gripe comum, pensando ser a tal gripe suína.

No consultório, os casos pipocavam de pacientes com sintomas até muito mais acentuados pelo medo da doença. Um ano se passou e o medo acabou. Resultado: nenhuma reportagem nos jornais e nenhuma onda de gripe fortíssima nos hospitais. Mais uma prova da força do inconsciente coletivo.

As épocas do ano também podem influenciar nessa questão. Durante o Carnaval é fácil perceber o quanto cai o padrão mental nas questões relacionadas à sexualidade, bebida e drogas. Fica uma sensação geral de falta de responsabilidade e de folia, fazendo o inconsciente coletivo cair em um campo perigoso e desregrado, o que faz com que algumas pessoas acabem entrando nesse padrão mesmo não sendo esse o seu habitual. Essas pessoas podem estar sendo sugestionadas, se elas possuírem uma memória genética da liberação sexual, e assim serão mais facilmente "contaminadas" por esse campo de energia psíquica.

No sentido inverso, o Natal traz um campo de fraternidade, de irmandade e de família que acaba contagiando as pessoas. Ao mesmo tempo, pode trazer para alguns o padrão de compras que foi construído pela sociedade capitalista. Aí vêm as questões de compulsão pelas compras, pelos presentes e as costumeiras dívidas para o ano novo. Na verdade, essa época do ano mexe mesmo com a cabeça das pessoas. Há quem fique mais triste e deprimido em razão dos problemas ao longo do ano, de perdas e de falta de esperança. Enfim, os seres humanos são verdadeiras antenas de rádio, que captam várias estações. Esse inconsciente coletivo tem as mais diversas formas mentais e cabe a cada um de nós escolher seu padrão de sintonia.

Estilo de vida

Esse padrão de sintonia ainda pode se relacionar com nossos gens, ou seja, com aquilo que herdamos de nossos ancestrais, que vem desde a junção do óvulo com o espermatozoide. A ciência tem nos mostrado, inclusive, que é possível herdar até mesmo características adquiridas. Dentro da epigenética, que estuda a expressão dos gens, o naturalista Jean-Baptiste Lamarck pregava que o tamanho do pescoço da girafa se deve ao fato do animal ter se esticado muito para comer na copa das árvores. Ou seja, é possível sim mudar a expressão dos gens.

O estilo de vida, portanto, influencia mais a nossa vida do que podemos imaginar. Antigamente, achava-se que as doenças eram influenciadas em 70% pela genética e 30% pelo estilo de vida. Hoje esses parâmetros já se inverteram. Alguns acreditam até que o estilo de vida passa os 90%, afinal, somos herdeiros de nós mesmos e nosso estilo de vida vai acionar ou não os gens das doenças. Um bom exemplo é o diabetes, que é a dificuldade do organismo em trabalhar com o metabolismo do açúcar, acumulando muito açúcar no sangue e destinando pouco para as células.

Em tese, todas as pessoas têm esse gen, só que nem todas o acionam. No pensamento tradicional, se há uma doença genética na família como o diabetes há uma grande chance do descendente desenvolver a doença. No entanto, se no estilo de vida daquela pessoa não acionar seu gen, a probabilidade de desenvolver a doença será muito menor. O livro *A Sobrevivência dos Mais Doentes: um Estudo Radical das Doenças como Fator de Sobrevivência*, de Sharon Moalem, oferece justamente o exemplo do diabetes, entre outras doenças, como fatores causadores da sobrevivência da espécie humana.

O livro cita o exemplo de uma onda de frio glacial na Europa da Idade Média, que ocasionava condições dificílimas de vida. As pessoas literalmente congelavam, o sangue parava de circular e cristalizava nas veias. Algumas, no entanto, não morreram, porque o sangue não congelava. Nesses casos, um gen fazia com que o sangue ficasse com mais açúcar, protegendo as pessoas da morte pela alteração do ponto de congelamento. Ou seja, o sangue mais doce demorava mais a congelar, prolongando a vida, obedecendo ao princípio de que todo solvente, na presença de um soluto, muda seu ponto de congelamento.

Naquela situação relatada no livro, uma situação externa – o frio – despertou o gen do diabetes, resultando no sangue mais açucarado em determinada parcela da população e salvando a vida dessas pessoas. Isso significa que uma situação externa pode desencadear uma doença que acaba por proteger o organismo da pessoa. Parece loucura, mas é a pura realidade.

A dúvida que fica é: por que há tanta gente hoje com diabetes, mesmo sem o frio? A resposta é muito objetiva. Quando a pessoa passa por aquilo que chamamos de "frio de alma" – ou seja, uma situação emocionalmente ruim, um trauma, uma mágoa muito

> **! IMPORTANTE**
>
> Quando a pessoa passa por aquilo que chamamos de "frio de alma" – ou seja, uma situação emocionalmente ruim, um trauma, uma mágoa muito grande – poderá desencadear o diabetes como um mecanismo de defesa do organismo para sobreviver ao frio, ainda que seja um frio virtual.

grande – poderá desencadear o diabetes como um mecanismo de defesa do organismo para sobreviver ao frio, ainda que seja um frio virtual.

Esse tal "frio virtual" pode ser inclusive fruto do inconsciente coletivo, que traz uma série de informações para as pessoas. Afinal, todos os dias somos bombardeados por imagens e campos do inconsciente coletivo, estimulando nossa memória genética. Aí o gen do diabetes, que está lá, pode ser acionado.

Da mesma forma que temos os gens físicos, que herdamos de nossos antepassados, temos também os chamados gens espirituais, ou seja, a memória do nosso corpo espiritual, que chamaremos de perispírito. A palavra que é de origem grega significa "em torno", e pode ser explicada como: a ligação, o laço entre o espírito e o corpo. O perispírito também traz sua genética. Alguns exemplos podem clarear um pouco mais a questão. Um alcoólatra na vida passada tem seu gen espiritual de alcoolismo que pode se manifestar, na vida atual, como uma tendência à cirrose ou a problemas no fígado.

A genética do perispírito nada mais é do que o conjunto de registros do corpo energético. É justamente nesse corpo que ocorrem os efeitos das medicinas energéticas complementares, tais quais: a acupuntura, a homeopatia, os florais, além de tratamentos de cunho espiritual, como fluidoterapia, reiki e johrei.

O fato é que as interferências invisíveis podem, portanto, nos influenciar pelo pensamento, pela vibração, pelas emoções. Infelizmente, os campos do

Planeta são muito mais negativos do que positivos. Não se trata de ser pessimista não, é a realidade mesmo. Por exemplo, se colocarmos em um shopping dois televisores: um com uma notícia boa e outro com uma notícia ruim, certamente o da notícia ruim é que irá atrair o maior número de pessoas.

É como se a ligação do lado negativo fosse de banda larga, com muita giga de velocidade e a ligação do lado positivo fosse ainda internet de linha discada. Ou seja, no segundo caso a conexão cai muito mais facilmente. Não que o lado negativo seja mais forte, mas seguramente é mais acessível.

Por isso, a grande receita é a premissa deixada por Jesus na Terra: *Vigiai e Orai*. Ao vigiar, você estará atento à maneira como está sendo influenciado por esses campos de energia, e como esses campos podem interferir em sua maneira de pensar, agir e reagir às situações. O conhecimento e a consciência plena são as melhores maneiras de vigiarmos nossas reações. A oração vem como um complemento fundamental, pois traz a proteção, como um tipo de escudo energético pela ligação com o Criador.

Nesse sentido, orar é entrar em contato com o mundo espiritual para pedir, louvar ou agradecer. Vigiar é tomar atenção à própria conduta – influenciada ou não – tentando corrigir defeitos e apurar qualidades. A oração, portanto, nada mais é do que um pedido de inspiração e apoio perante os desafios da vida terrena. É nossa comunicação direta e irrestrita com o Criador.

Capítulo 14

Interferências Espirituais: A mente e os espíritos

Este capítulo é direcionado a quem tem a mente aberta, e que aceita ler sem pré-conceitos, busca levar algo de conhecimento já estabelecido e não tem novidade alguma para quem já conhece a Doutrina Espírita. Como eu já fui "ateu" certo tempo em minha vida, mas "ateu" em razão da decepção trazida por certas religiões, eu convido os ateus de plantão a buscarem algo científico e filosófico, de caráter prático, em sua existência. Se você não quer saber disso, por favor, pule este capítulo, mas continue lendo o seguinte...

A primeira coisa que cabe neste início de capítulo que finaliza a parte espiritual da obra é prestar alguns esclarecimentos básicos acerca do Espiritismo. Até agora, falamos a respeito do invisível, os campos de energia, o inconsciente individual e coletivo. Neste capítulo, trataremos das interferências espirituais na vida das pessoas. Por isso, é preciso conceituar alguns termos que serão aqui utilizados.

O primeiro deles é o Espiritismo, uma Doutrina Filosófica baseada em fatos científicos e de moral religiosa, que parte da existência de Deus e preconiza a sobrevivência da alma humana por meio das encarnações. Um dos grandes expoentes dessa Doutrina é Allan Kardec, educador francês que viveu entre os anos 1804 e 1869, conhecido por codificar a Doutrina, ou seja, estruturá-la em uma proposta de compreensão da realidade, baseada na integração entre os conhecimentos científico, filosófico e moral, considerando a dimensão espiritual do homem. Durante sua atividade dedicada ao Espiritismo, Kardec sistematizou cinco obras: *O Livro dos Espíritos*, *O Livro dos Médiuns*, *O Evangelho Segundo o Espiritismo*, *O Céu e o Inferno*, e *A Gênese*.

O Livro dos Espíritos, cuja primeira edição datou de 1857, é a pedra fundamental da Doutrina, reunindo os ensinamentos dos Espíritos Superiores por meio de médiuns de várias partes do mundo. É o marco inicial de uma Doutrina que trouxe profunda repercussão no pensamento e na visão de vida de considerável parcela da Humanidade. Estruturado em quatro partes, contém 1.019 perguntas formuladas pelo Codificador, que abordam os ensinamentos espíritas de uma forma lógica e racional, sob os aspectos científico, filosófico e religioso.

Independentemente de crença ou convicção religiosa, sua leitura tem grande valor porque trata de Deus, da imortalidade da alma, da natureza dos espíritos, de suas relações com os homens, das leis morais, da vida presente e da vida futura. Por isso, tomamos seus ensinamentos como base neste capítulo e remetemos diretamente à pergunta de número 459: ***Os Espíritos influem sobre nossos pensamentos e ações?*** Na sequência, a contundente resposta: *A esse respeito, sua influência é maior do que podeis imaginar. Muitas vezes são eles que vos dirigem.*

Simples, clara e objetiva, a resposta não deixa dúvidas. Em uma comparação grosseira, a influência dos espíritos é como uma mensagem subliminar, dessas usadas pelos marketeiros para persuadir as pessoas, influenciando, por exemplo, sua vontade de comer ou beber alguma coisa. A mensagem subliminar é aquela que não pode ser captada diretamente pelos sentidos humanos, ou seja, é a menor sensação detectável conscientemente.

Há no mundo vários estudos das situações ditas paranormais (além da normalidade), com explicações, às vezes, mais estranhas do que os fenômenos. Para mim a ciência Espírita é a que mais bem padroniza de forma racional e científica essas situações!

A força da sugestão é senso comum. Todos sabem o quanto podemos ser sugestionados em qualquer momento da vida. Essa é uma área inclusive muito estudada pela psicologia: as mensagens subliminares que acessam o subconsciente sem deixar a menor pista e interferem diretamente no comportamento humano. Nesse sentido, a influência dos espíritos é como uma mensagem subliminar. Sem perceber conscientemente, você recebe uma sugestão positiva ou negativa que pode influenciar completamente em suas atitudes.

Exemplos não faltam no cinema e na TV. As telonas já exibiram longas metragens de conotação espírita que se tornaram grandes clássicos, a exemplo de *Ghost – Do outro lado da vida*, em que Patrick Swayze vive o personagem principal, que morre acidentalmente em um assalto e passa a se comunicar com a companheira interpretada por Demi Moore, por meio da atrapalhada médium interpretada por Whoopi Goldberg. Floreios cinematográficos à parte, o filme campeão de bilheterias e vencedor do Oscar em duas categorias é um grande exemplo da influência dos espíritos.

Outro estouro de bilheteria que fez a cabeça de muitos espectadores no final da década de 1990 é *O Sexto Sentido*, que conta a história de um garoto de nove anos, vivido por Haley Joel Osment, que é capaz de falar com os mortos, e seu psicólogo, interpretado por Bruce Willis, que tenta ajudá-lo sem saber que o morto, na verdade, é ele mesmo. Assim, além desses títulos, há outros filmes a respeito de espíritos que caíram no gosto popular, como *Minha Vida na Outra Vida*, *Os Outros*, *Amor Além da Vida* e o mais recente e aclamado longa metragem brasileiro *Chico*

Xavier, que conta a história de vida do maior médium que o Brasil já conheceu, e que em poucos dias bateu recordes de bilheteria.

As novelas são outro bom exemplo. Campeã em títulos espíritas, a Rede Globo por tantas vezes já cresceu em Ibope em novelas como *A Viagem*, *Alma Gêmea*, *O Profeta* e *Escrito nas Estrelas*, entre outras, todas elas líderes absolutas de audiência às 18h00. Entre as mais marcantes está *A Viagem*, em que um jovem delinquente, interpretado por Guilherme Fontes, comete suicídio e decide se vingar dos que ficaram. Perturbada, a personagem, em espírito, começa a influenciar a vida de parte das personagens envolvidas na trama que, literalmente, desanda, mostrando claramente – embora de forma lúdica – a influência dos espíritos na vida das pessoas.

De volta à vida real, o processo se dá mais ou menos da mesma forma. Espíritos mais ou menos evoluídos nos sugestionam todo o tempo, cabendo a cada um atender ou não a tais influências. É claro que a vibração das pessoas conta – e muito. Pessoas vivendo situações de desespero, revolta, ciúme e ódio sempre estão muito mais propensas a ouvir ou sucumbir às más influências. Já aquelas que mantêm vibração boa, praticam a caridade e procuram aplicar as leis do Evangelho estão naturalmente mais protegidas e assim mais propensas a atender às boas influências.

A verdade é que os espíritos são mentes inteligentes que vivem em um plano não material. Essas mentes emitem mensagens para outras mentes e muitas vezes podem chegar a comandar a vida de outras pessoas. Trata-se de um comando pela sugestão, que em alguns casos pode terminar muito mal. Todos os dias, ao nosso redor, nos deparamos com casos de interferências espirituais, porém nem sempre sabemos identificá-los.

A depressão pós-parto pode ser um grande exemplo para elucidar a questão. Como em tudo na vida, o problema traz o enfoque físico, o mental, o emocional e o espiritual. Do ponto de vista físico, a mulher passou durante toda a gestação por um desgaste muito grande de energia, já que um novo ser se formou dentro dela, ocasionando um consumo de energia vital muito maior do que o normal. O próprio parto gera gasto absurdo de energia. É quase como entrar no cheque especial todinho, sem sobrar nada na conta!

Física e emocionalmente debilitadas, algumas mulheres ampliam seu instinto animal de sobrevivência, que precisa de alguma maneira se preservar para não morrer. Em tese, para as parturientes mais propensas à depressão pós-parto, aquele novo ser é a grande razão dessa perda de energia, que pela amamentação continua sugando as energias da mãe. A depressão pós-parto, então, é uma forma do organismo feminino afastar, instintivamente, aquele ser que está tirando sua energia aos poucos.

Nesse quadro de debilitação, as defesas psíquicas, mentais e emocionais ficam fragilizadas, abrindo caminho para interferências espirituais mais intensas. Deprimida, essa mulher, então, fica muito mais suscetível às más influências de espíritos pouco evoluídos.

Trata-se, na verdade, de um período de convalescença, em que a mulher está se recuperando e não deve se cobrar ou se sentir culpada por estar doente. Sim, porque depressão pós-parto é uma doença que tem tratamento e cura. Aí entra a força da mente em manter uma espécie de proteção, uma couraça que pode ser formada pela caridade, praticando atos de amor ao próximo, cultivando bons pensamentos e assim atraindo boas vibrações. Aí entra a busca pelo tratamento espiritual, que mostrará à mulher a maternidade como algo divino, sublime, um verdadeiro ato de amor.

Sensibilidade

Você deve estar se perguntando por que algumas pessoas sentem mais isso e outras sentem menos. Em uma analogia simples, é como ter uma Internet mais ou menos rápida. Alguns são assim, outros não. Alguns têm mais essa sensibilidade paranormal, outros têm menos. No primeiro caso, as interferências podem ser de origem visual, auditiva ou sinestésica. No segundo, que traduz a maioria das pessoas, trata-se apenas de uma mensagem subliminar.

Mas, como saber se determinado pensamento ou comportamento é ou não uma interferência espiritual? Este aspecto foi abordado por Kardec na pergunta de número 461, em *O Livro dos Espíritos*: ***Como***

distinguir os pensamentos próprios daqueles que são sugeridos? A resposta:

> *– Quando um pensamento é sugerido, é como uma voz falando. Os pensamentos próprios são em geral os do primeiro momento. Além de tudo, não há para vós um grande interesse nessa distinção e muitas vezes é útil não sabê-lo: o homem age mais livremente. Se decidir pelo bem, o faz voluntariamente; se tomar o mau caminho há nisso apenas maior responsabilidade.*

Na verdade, pouco importa se o pensamento vem de dentro ou de fora. O importante mesmo é aceitar o que é bom e rejeitar o que é ruim. Simples assim. Para compreender melhor o tema, *O Livro dos Espíritos* é uma fonte segura e muito confiável. De fato, a obra traz os melhores ensinamentos a respeito das interferências espirituais à nossa volta.

Claro que a grande questão que fica para todos nós é saber o que fazer para não sucumbir às más influências, pergunta de número 469 também feita por Kardec em *O Livro dos Espíritos*: ***Como se pode neutralizar a influência dos maus Espíritos?*** A resposta é decisiva:

> *Fazendo o bem e colocando toda a confiança em Deus repelis a influência*

> *dos Espíritos inferiores e anulais o domínio que querem ter sobre vós. Evitai escutar as sugestões dos Espíritos que vos inspiram maus pensamentos, sopram a discórdia e excitam todas as más paixões. Desconfiai, especialmente, daqueles que exaltam o vosso orgulho, porque vos conquistam pela fraqueza. Eis por que Jesus nos ensinou a dizer na oração dominical: 'Senhor, não nos deixeis cair em tentação, mas livrai-nos do mal!'.*

Quando conheci a Doutrina Espírita estava já inclinado a conhecer as questões energéticas, pois tinha estudado medicina chinesa, que me "abriu" para essas questões de energias influenciando o corpo físico e mental, fiquei fascinado, como uma criança que descobriu um brinquedo novo, e segundo minha família estava "fanático"!!! Essas observações me fizeram refletir e anos mais tarde, quando me dediquei à terapia transpessoal, eu tive uma ideia de um exercício que chamei de "exercício do fanático".

Não temos muitas vezes como identificar quando os pensamentos, sentimentos, emoções são somente nossos ou estamos sendo influenciados, porque não temos um padrão referencial, isto é, sempre durante nossa vida achávamos que tudo que vinha de "dentro" de nós era nosso, o exercício do fanático busca construir por meio de um exercício uma referência.

O exercício é simples e pode ficar até divertido:

Durante determinado tempo, por exemplo, 15 dias, você fechará questão que tudo, absolutamente tudo que acontecer com você, ou você sentir e pensar SERÁ POR UMA CAUSA EXTERNA, tomará consciência e fará algum tipo de observação ou reflexão. Por exemplo: seu despertador não tocou e você não acordou, foi interferência externa e "querem" te perturbar. Faça uma prece para que não fique irritado e que dê tudo certo no trabalho; seu carro não quer pegar, tem interferência no distribuidor de gasolina. Visualize tirando a interferência e chegando ao trabalho bem com seu carro ou não; aparece uma dor de cabeça, diga a você mesmo que não é sua e sim uma contaminação exterior. Faça uma autolimpeza; seu marido está alterado, existe uma interferência querendo desestabilizar seu relacionamento. Faça uma visualização colorida com azul sobre ele; seu filho está com febre, pode ser uma contaminação energética. Visualize uma cachoeira sobre ele, e assim por diante durante 15 dias.

Após 15 dias faça uma avaliação: quantas vezes nesse período sua intervenção mudou a situação e quantas vezes não mudou. Você, então, terá construído uma espécie de padrão para identificar quando o que está acontecendo pode ser somente seu e quando terá influências de "fora".

Faça e se surpreenderá!

5ª Parte

Doenças

Capítulo 15

Doenças, a lousa da alma

Vista como um desequilíbrio do organismo frente a um agente externo, a doença é reconhecida pela sociedade como um mal a ser combatido de fora para dentro. A partir de uma visão um tanto mais abrangente, a proposta desta parte do livro é ampliar esse entendimento à doença, que parte, primeiramente, de um desequilíbrio da energia vital. Esse desequilíbrio se dá como a atuação de um exército que defende uma cidade, mas também fica com seus desfalques. Algumas regiões, então, ficam sem a devida proteção.

São zonas mais sensíveis e delicadas que todos temos no organismo, cada um com suas peculiaridades. Para alguns, o fígado, para outros, o estômago ou qualquer outro órgão ou região do corpo. Há sempre uma parte que parece ser mais vulnerável aos problemas e acaba sofrendo mais.

Novamente, os maiores ancestrais de toda a Humanidade nos ajudam a elucidar a questão. A antiga lenda mitológica grega de Aquiles ilustra perfeitamente as vulnerabilidades orgânicas. Aquiles foi um herói que preferiu uma vida gloriosa e breve a uma existência longa e rotineira.

Era filho de Peleu, rei dos Mirmidões da Tessália e a lenda diz que, ao nascer, sua mãe o mergulhou em um rio que o tornaria imortal. Nesse mergulho, a mãe de nosso herói o segurava pelos calcanhares, que acabaram não sendo banhados pela água poderosa.

Para ajudar a Grécia a vencer a guerra de Troia, foi convocado para os campos de batalha e não pensou duas vezes antes de encarar o desafio, que lhe parecia, relativamente, simples diante de suas evidentes características de guerreiro glorioso: sua força, seu vigor físico, e seu talento para vencer.

Histórias entranhadas fazem parte da trajetória do herói, como a morte de seu primo Pátroclo e sua vingança contra o príncipe de Troia, Heitor, que Aquiles finalmente matou. Nada parecia difícil, não fosse... O calcanhar. Pois é, o irmão do príncipe Heitor, Paris, foi se vingar de Aquiles com uma flecha envenenada – dirigida por Apolo, dizem por aí – justamente no calcanhar de Aquiles, matando-o na hora.

Do mesmo modo que o nosso bravo lutador grego, todos nós temos sensibilidade em determinados órgãos, que geralmente têm a ver com a história de cada pessoa, com sua forma de lidar com as adversidades. A psicossomática garante que o perfil emocional tem a capacidade de deixar um sistema ou um órgão mais ou menos protegido.

Então é isso... Calcanhar de Aquiles todo mundo tem, a partir da construção do seu mundo interior, do seu sistema de regras interno composto pelas crenças, princípios e valores que se configuram em uma espécie de constituição do padrão interno de cada pessoa. Vem daí a sensibilidade, o que chamamos *lócus minos resistenciae*, uma expressão do latim para designar um local de maior fragilidade do organismo naquele momento.

Na visão da homeopatia, toda doença vem com um desequilíbrio da energia vital. Se a pessoa tem uma alteração orgânica, essa doença tem a ver com algum processo de aprendizado. Por que uma pessoa vai ter, por exemplo, resistência menor na questão gástrica? Para analisar a questão, é preciso entender um pouco mais de fisiologia, que é o funcionamento do corpo. Essa pessoa pode ter uma tarefa filosófica na vida, em que precisa aprender e exercer o discernimento. Levada para uma questão física, ela pode começar a ter dificuldade de discernir no sistema digestivo: o que aproveita e o que joga fora, o que digere e o que não consegue digerir.

Toda doença é um processo de aprendizado. É como um recado: a alma usa o corpo como uma lousa, onde imprime aquilo de que ela está precisando. O corpo é o local de comunicação da alma e a doença é a linguagem da necessidade de mudança que a alma pede. A dica é "abrir os olhos" da alma para compreender melhor essa linguagem. Um livro interessante é *A Doença como Caminho*, em que dois alemães relatam, de forma muito interessante, as maneiras que as doenças têm para fazer o indivíduo caminhar em seu processo de crescimento.

Capítulo 16

CÂNCER: OS CONFLITOS DA ALMA

Ele é temido, repelido, rechaçado, abominado em todas as culturas e por todo o mundo. Na maioria das vezes, é silencioso e caracteriza-se pelo crescimento desordenado (maligno) de células que invadem os tecidos e órgãos, podendo atingir outras regiões do corpo. Dividindo-se rapidamente, essas células tendem a ser agressivas, determinando a formação de tumores (acúmulo de células cancerosas). Razão de incansáveis pesquisas, o câncer é o grande mal da Humanidade. Há quem acredite e comprove empiricamente, no entanto, que esse vilão surge a partir de um conflito emocional que vem de dentro de cada pessoa, estando intimamente relacionado aos aspectos emocionais.

O Dr. Ryke Geerd Hamer é um médico alemão que se tornou o grande preconizador dessa teoria. Especialista em doenças da cabeça da clínica oncológica da Universidade de Munique, Alemanha, o médico recebeu um dia a triste notícia de que o seu filho havia recebido um tiro. Durante uma viagem à Itália, em agosto de 1978, Dirk Hamer foi alvejado por uma bala perdida proveniente da arma de um príncipe italiano, Victor Emanuel de Savoya, enquanto dormia em um barco ancorado na Ilha de Cavallo. O jovem permaneceu em coma durante mais de três meses na clínica de Heidelberg, Alemanha. Em 07 de dezembro de 1978, Dirk morreu nos braços de seu pai, o médico alemão Dr. Hamer. O conflito gerado pela perda do filho aflorou, três anos mais tarde, na forma de um câncer nos testículos. Este tipo de choque foi intitulado de "Síndrome de Dirk Hamer", um choque biológico de conflito que nos atinge "no contrapé".

Foi a partir desse cenário que se iniciou a cruzada de Dr. Hamer contra o câncer e a poderosa indústria farmacêutica mundial. Baseado em sua experiência clinicando doentes de câncer, ele desenvolveu as bases da mais completa medicina, a Nova Medicina Germânica. Ela é uma medicina científica natural, que engloba toda a medicina. (fonte Youtube: http://www.youtube.com/watch?v=TvNl_uBdums).

A partir de então, o Dr. Hamer iniciou uma autoinvestigação, que o fez encontrar algo surpreendente. Na tomografia de seu crânio, percebeu uma pequena alteração em uma região, que não é considerada significativa do ponto de vista clínico. É chamada "artefato" e se encontrava na região cerebral exatamente correspondente à região de seu tumor. Aparecia como um conjunto de círculos concêntricos na região. Os dias foram se passando, à medida que o médico aprofundava sua pesquisa por meio de várias tomografias de seus pacientes. Pouco tempo depois, fez uma correlação entre o câncer e esses artefatos.

Era uma espécie de correlação matemática exata, em que a primeira reação do corpo a um determinado problema ocorre em alguma área do cérebro, que mais tarde se refletirá no órgão correspondente através do câncer. Ou seja, o primeiro conflito ocorre no cérebro. Se não resolvido em outro nível (que pode ser mental, emocional ou espiritual) com uma mudança de comportamento, o corpo toma suas próprias providências para tentar resolver o problema. Nesse raciocínio, o câncer nada mais é do que uma busca pela resolução de um conflito. Incrível, não?

Suas descobertas são chamadas de Nova Medicina Alemã (NMA), uma ciência fantástica, embora muitíssimo combatida na época pela medicina e ainda não reconhecida formalmente. Afinal, a teoria do Dr. Hamer era algo totalmente inovador, que ia muito além dos recursos que a medicina dispunha. Com essa nova medicina, o médico apresentou ainda um novo perfil terapêutico, em que não haveria necessidade das terapias convencionais em muitos casos.

A primeira lei biológica da nova medicina é *cada doença é causada por um conflito que pega um indivíduo totalmente sem precaução.* Ou seja, todo câncer é 100% de origem emocional. Se não houver um conflito psicológico ou emocional grave que o paciente não consiga resolver, não tem câncer. E a forma de resolver, muitas vezes, passa pelas terapias, por uma visão mais espiritualizada da vida.

Seguindo com seus estudos e aplicando-os diariamente no consultório, o Dr. Hamer chegou a ter 95% de cura sem as terapêuticas habituais, ou seja, sem quimioterapia, sem radioterapia e até sem cirurgia. A cura vinha apenas do tratamento das causas. No entanto, os 5% de óbitos foram motivo para o médico ser perseguido, perder sua cátedra e até mesmo passar por inúmeros testes aplicados por outros médicos. O especialista chegou a ser preso e ameaçado de morte.

A leoa e seu filhote

Nada disso, no entanto, tirou o mérito de sua descoberta e até mesmo o reino animal nos mostra o quanto faz sentido a Nova Medicina Alemã. Uma leoa dá à luz três filhotes. Um deles, mais atrevido e ousado, vai longe, cai em um barranco e se machuca gravemente. Ela, a leoa, percebe e imediatamente resgata esse filhote, atendendo ao seu instinto de sobrevivência da espécie. É como uma espécie de programa cerebral ativado diante do conflito.

Inconscientemente, o cérebro desta leoa vai mandar uma mensagem para a mama, com o objetivo de produzir um leite especial, que precisa ser muito melhor do que o leite dos outros filhotes sadios. O cérebro, portanto, é um comandante central, que manda informações para os órgãos. O corpo da leoa, então, vai produzir um leite muitíssimo mais nutritivo. Para produzi-lo, a mama precisa ter células especiais, mais fortes, que duram mais tempo, que se reproduzem mais facilmente. Essas células crescem e se transformam em um tumor, um câncer de mama, que veio para resolver um conflito que a leoa está passando com seu filhote ferido.

Enquanto esse filhote estiver machucado e doente, essa mama estará produzindo. Se o filhote morrer, a mama para de produzir o leite e consequentemente o tumor para de crescer. Outra informação do cérebro pode fazer com que as bactérias do corpo dessa leoa, os bacilos consumam esse tumor, desintegrando-o automaticamente. Outra possibilidade ainda é o organismo mandar uma proteção no entorno do tumor, que não causará prejuízo nenhum à leoa e o tumor poderá ficar estagnado naquele tamanho para o resto da vida da leoa.

Essa visão do câncer é uma maneira do organismo resolver um conflito que não foi resolvido em outro nível. É um conflito que "pega" as pessoas de "sopetão"... De repente: uma falência, uma traição, uma morte. Outro exemplo interessante é o da mulher que vê o filho brincando na calçada e uma caminhonete se aproximando desgovernada. Ela corre para tentar segurar a caminhonete, e naquele momento manda uma mensagem para o cérebro de que precisa ter uma extrema energia. Ali, naquele exato instante, ela pode desenvolver, por exemplo, um câncer de tireoide, porque a tireoide foi superexplorada em sua capacidade de produzir energia.

Nós mesmos somos uma parte animal e uma parte humana. Creia: há quem diga que somos 7% humanos e 93% animais! Por isso, reagimos muito como animais, a exemplo da leoa. Certa vez, uma paciente chegou ao consultório para conversar comigo. Era uma senhora depauperada, emagrecida e adoecida, dizendo que a história dela de câncer tinha começado há alguns anos e que ela já estava sem muita esperança.

Seu câncer de mama havia começado em uma das mamas, o que resultou em amputação. Ela relatava a história chorando muito, inconformada. Contou que saiu da cirurgia se sentindo mutilada e que quando se viu no espelho simplesmente não se reconheceu, achou que havia perdido sua identidade.

Esse contexto lhe trouxe uma desestrutura muito grande, era como se ela não fosse mais mulher, não pudesse ter uma vida comum. O impacto de se sentir mutilada foi tão intenso, que depois de um breve tempo começou a apresentar as terríveis metástases – em que, teoricamente, o câncer se espalha para outros lugares do organismo. Porém, a teoria do Dr. Hamer e sua nova medicina demonstram que não é bem assim.

Uma possível explicação para os desdobramentos desse caso é o surgimento de novos conflitos, que resultaram em novos tumores.

A metástase então apareceu nos ossos. Teve de voltar a tratamentos mais intensos – radioterapia, quimioterapia. Só que além de matar as células cancerosas, esses tratamentos matam também as células sadias.

Não conseguia mais comer, tinha náuseas, vomitava tudo o que colocava no estômago. Olhava no espelho e continuava não se sentindo ela mesma. Nesse ponto, os médicos descobriram novas metástases, então no fígado. O corpo vinha sendo também agredido pelo tratamento. Atacou-se a doença e prejudicou-se o hospedeiro.

No caso dessa paciente, o primeiro câncer – de mama – relacionava-se a um conflito ligado à maternidade, um problema que havia tido no passado com uma filha. O corpo respondeu sob a forma de câncer, mais ou menos na mesma dinâmica da leoa. O impacto foi muito grande, pois o câncer é tido como uma doença sem cura. Em sua vaidade, a paciente não suportou se reconhecer sem a mama – daí meu conselho para as pacientes com necessidade de mutilação, para que saiam do centro cirúrgico já com a prótese.

Diante daquela situação, ela se sentiu completamente desestruturada, vivendo uma situação de conflito perene, 24 horas por dia chorando. Seu cérebro, tentando resolver o problema, mandou, então, uma mensagem para a parte do corpo estrutural, os ossos, com vistas a aumentar sua força através das células. O aumento das células dos ossos, então, ocasionou a metástase óssea. Na visão do Dr. Hamer – que compartilho inteiramente – trata-se de outro câncer, vindo de outro conflito.

Com a nova batelada de tratamentos, de quimioterapia e radioterapia, a paciente passou a não comer. Só que essa também é uma situação apavorante, porque sem comer, o próximo conflito é enfraquecer até morrer de fome. Esse novo conflito busca ajuda no cérebro, que procura aumentar a "despensa" do corpo, ou seja, as células que guardam o açúcar no organismo. Cresceram, então, as células do fígado e surgiu o câncer de fígado.

O aprendizado com esse caso foi muito grande, porque na sequência de fatos da doença, tudo fazia sentido com a teoria do Dr. Hamer. Por isso, cada conflito precisa ser trabalhado.

Orgulho ferido

Outro caso impressionante foi o de um colega médico, que desenvolveu um câncer de intestino. Era um profissional muito tranquilo, bem-sucedido e trabalhador. Certa vez, foi convidado para uma sociedade em um hospital e, sem perceber, acabou envolvido em uma espécie de golpe. Aquilo foi um choque para um cidadão como ele, honesto e com bom nome na cidade. Foi uma questão de honra, uma grande humilhação. Pouco tempo depois, o câncer de intestino.

Essa questão do orgulho ferido pega exatamente no intestino, como se fosse uma sujeira a ser eliminada. Por isso, o organismo vai reforçar o intestino, para ajudar a eliminar o mal. Nessa lógica, a psicossomática do Dr. Hamer é muito difícil de ser combatida, porque ela é matemática. Ao longo de sua carreira, foi capaz de estender as suas descobertas para praticamente cada doença conhecida na medicina. Dizem que ele é um iluminado. Não se sabe também se tem uma visão espiritualizada da vida, mas há relatos de que o médico sonhava com o filho, incentivando-o nessa revolução.

Jesus nos traz uma ideia da importância do tema na lição: "Bem Sofrer e Mal Sofrer" em *O Evangelho Segundo o Espiritismo*. Trata-se de um conselho precioso para aqueles que buscam a saúde e ainda para quem luta por combater algum mal. Esse tema explicita as lições acerca de como lidar com os conflitos, as adversidades e os problemas com fé e coragem. Se bem estudado, pode ser até preventivo para doenças e para o câncer.

Sabe-se que a bagagem de conhecimentos não isenta ninguém da doença, mas ajuda a compreender os acontecimentos da vida e buscar soluções alternativas. Ao olhar o sofrimento como um teste para desenvolver a nossa inteligência, a nossa humanidade, pedimos ajuda divina e ampliamos nossas possibilidades de solução.

Novo olhar a respeito do câncer está sendo trazido por um médico italiano, Dr. Simoncini que percebeu que os pacientes com câncer têm sempre um grau de acidose no tecido corporal que proporciona o crescimento de determinados fungos que seriam os causadores dos cânceres! Ele tem feito tratamentos de alcalinização do sangue e dos tumores com reversões e curas importantes. Os resultados de suas experiências podem ser encontrados no site www.cancerfungus.com.br

Em nossa experiência entendemos que pode ser sim essa a causa do câncer, porém em caráter secundário, isto é, após o conflito biológico descrito acima o organismo daria "condições" para acidificação e crescimento dos fungos; talvez o mais importante seja trabalhar com essas duas teorias complementares, além dos tratamentos convencionais.

Capítulo 17

Doenças Autoimunes, as balas perdidas

Um grupo de assaltantes consegue furar um bloqueio que o sistema de defesa do condomínio tinha construído. A segurança tinha algumas falhas, mas consegue soar o alarme, alertando os moradores do perigo. Rapidamente, os bandidos entram no condomínio e se espalham para roubar. Ao som do alarme, policiais armados miram seus revólveres de efeito paralisante nas pessoas que estão correndo. Pânico geral. Alguns moradores, sem saber direito o que está acontecendo, saem de casa e são atingidos "em cheio", permanecendo paralisados. Ao final, os bandidos também são capturados, mas as manchetes dos jornais destacam apenas os inocentes feridos pelas balas perdidas.

A metáfora acima ilustra exatamente um tipo de doença que fere por engano, a doença autoimune.

Elas são as doenças da bala perdida, porque fazem com que o organismo ataque não somente as células ruins, mas também as boas. A imunidade é o processo de defesa do organismo, cuja construção se inicia na gestação. Pouco a pouco, vai sendo montada uma biblioteca para o feto, que registra quais as suas substâncias e quais a substâncias estranhas. Ao longo da infância, o contato com substâncias estranhas ajuda a aumentar a imunidade da criança, por isso que as vacinas são elementos estranhos mais fracos, para que nosso corpo consiga pegar esse dado e construir um grupo de defesa frente a esse tipo de organismo estranho. Durante a vida, portanto, forma-se a imunidade.

Entre as principais doenças autoimunes estão: diabetes tipo 1, lupus, artrite reumatoide, esclerose múltipla, tireoidite de Hashimoto, hepatite autoimune e anemia hemolítica. O muro de proteção da história é nosso sistema imunológico, que é o sistema intestinal. O intestino tem naturalmente uma porosidade que pode ser alterada em razão de fatores tais quais: alimentação e estresse. Essas condições aumentam a permeabilidade do órgão, que funciona como se fosse um filtro que separa os alimentos que precisam ser absorvidos e os elementos que precisam ser jogados fora. Quanto menor a porosidade do órgão, maior a condição de proteção do organismo.

O intestino tem um sistema de permeabilidade, uma espécie de filtro. O que pode alterar essa permeabilidade: alimentos, infecções intestinais, toxinas ingeridas, estresse. Quase sempre as doenças autoimunes têm início no sistema digestivo, mais precisamente no intestino. A penetração de moléculas grandes no corpo – que são reconhecidas como se fossem toxinas – podem gerar um processo autoimune. Por exemplo: você comeu uma pizza quatro queijos, que tem muito glúten e muita lactose. Essas moléculas são muito grandes e seu corpo pode não conseguir absorvê las. A primeira barreira é o intestino.

Na verdade, a molécula que chega ao intestino por via alimentar, que não conseguiu ser devidamente digerida, encontra parede permeável e passa para a corrente sanguínea do órgão. Todo o sangue do intestino passa pelo principal órgão depurador, que é o fígado. Então, essas moléculas grandes vão para o fígado, que pode não dar conta de depurá-las e aí elas vão parar na corrente sanguínea. Na corrente sanguínea do corpo todo vão encontrar células de proteção, que são os "soldados" do sistema imunológico. Aí haverá o conflito. Essa briga entre o sistema imunológico e as moléculas grandes vai resultar em algum tipo de inflamação do corpo. O local onde esse conflito é gerado no organismo será a sede da inflamação.

Dois irmãos gêmeos, por exemplo, podem ter problemas com lactose. Em um deles, mais saudável, o corpo não vai ter a reação de inflamação. Já o outro apresenta problemas decorrentes da ingestão da lactose. Pela visão da psicossomática, há sempre alguma região do corpo mais frágil, onde ocorrerá a inflamação, o famoso "calcanhar de Aquiles", como nós já explicamos anteriormente.

O fato é que a lactose é percebida pelo sistema imunológico como um corpo estranho. O glúten é o outro organismo estranho. Mas, como saber se temos ou não alergia a determinados alimentos? Há exames especializados que mostram exatamente isso. O conceito a ser compreendido neste capítulo é que os alimentos são os principais causadores das disfunções do sistema imunológico. A fibromialgia, por exemplo, que é uma síndrome caracterizada por dores musculares, também pode ser causada pela alteração da permeabilidade do intestino. No caso do diabetes, o conflito poderá ser no sistema do pâncreas.

Depois de ter passado por um estresse muito grande, pode aparecer um lupus, doença do tecido conjuntivo que pode afetar qualquer parte do corpo. Digamos que houve uma disfunção da sensibilidade intestinal ou ainda uma alteração da permeabilidade intestinal. Quando passamos por algum estresse, temos a possibilidade de aumentar nossa permeabilidade intestinal e perdemos capacidade de defesa pelas paredes do intestino. Essa alteração do filtro intestinal pode dar passagem às grandes moléculas. Repare que todo o processo está ligado não somente à questão alimentar, mas também ao aspecto emocional.

No caso da tireoide, a inflamação é chamada tireoidite e o problema pode ser o hiper ou o hipotireoidismo. É muito comum alguém desenvolver um problema na tireoide após passar por um conflito psicológico, sentindo-se impotente frente à determinada situação. Leia mais sobre tireoide no capítulo a seguir.

Nas articulações, caso da artrite reumatoide, trata-se de um processo de autopunição, ligado à autocrítica. O organismo cria um padrão que se espalha em forma de inflamações por todo o corpo. Nos vasos sanguíneos, caso da esclerose múltipla, o problema pode ter alguma relação com a inflexibilidade. No fígado, caso das hepatites autoimunes, pode estar relacionado à mágoa e à raiva. No intestino, caso das colites, a relação é com a insegurança. O fato é que onde quer que se dê o conflito, ocorre inflamação.

A dica para quem busca um tratamento alternativo ou ainda a prevenção é fortalecer a questão emocional, investigar possíveis alergias alimentares e proporcionar uma mudança nutricional, questão colocada no apêndice dessa obra. Já temos registros de casos de cura de doenças autoimunes. Se a mudança de padrão alimentar é realmente rigorosa, você para de intoxicar seu corpo e pode se curar. Hoje há muitas evidências científicas de que a mudança da alimentação poderá trazer melhora significativa de todas as doenças autoimunes e, em alguns casos, até a cura. A proposta aqui é ampliar a visão. As principais dicas estão no capítulo referente à Alimentação.

Capítulo 18

Tireoide, a dança das cadeiras

Forme um círculo de cadeiras, com os assentos voltados para fora, com tantas cadeiras quanto for o número de participantes, menos uma. Coloque música para tocar e peça que os participantes, divididos em equipes, «dancem» ao redor das cadeiras. Quando o som parar, alguém ficará de fora. Talvez o menos atento, reduzindo a pontuação de sua equipe.

Nessa metáfora, as cadeiras seriam os "receptores" das células, no caso tiroidianas, que precisam receber o iodo para que possam processar os hormônios adequados, mas que por motivo de competição com os outros elementos da mesma escala química (que hoje nos "intoxicam") ficamos com uma falsa carência de iodo. Estamos observando intoxicações por cloro, flúor e bromo, que competindo com o iodo orgânico podem gerar dificuldades da tireoide em produzir os hormônios necessários para os indivíduos.

No caso do iodo, sua deficiência gera sérios riscos à saúde e algumas das doenças mais comuns da atualidade, as doenças da tireoide, bastante conhecidas como Hipotireoidismo e Hipertireoidismo. A tireoide, na verdade, é nossa glândula da energia. A psicossomática explica que, ao se sentir impotente frente a alguma coisa na vida, o indivíduo manda uma mensagem para a tireoide, que pode resultar em hiper ou hipotireoidismo. Leia mais a respeito da psicossomática no capítulo 4.

Para complementar, o vocábulo tireoide, aliás, deriva da palavra grega *thyreós*, que quer dizer "escudo", em razão de seu formato. Há quem mencione, inclusive, sua função de resguardar, o que pode ser mais uma explicação para toda essa questão da impotência, da fraqueza e da falta de capacidade.

Voltando ao iodo, além de ser empregado como desinfetante da pele ou utilizado para a limpeza de ferimentos, esse elemento tem importantes funções nutricionais. Trata-se de um elemento químico essencial, como parte integrante dos chamados hormônios tireóideos.

A glândula tireoide precisa do iodo para fabricar os hormônios triiodotironina (três iodos mais tirosina) (T3) e tiroxina (quatro iodos mais tirosina) (T4), responsáveis por acelerar reações celulares em quase todo o organismo, atuando diretamente sobre a maioria dos órgãos. É por participar da formação desses hormônios que o iodo é tão importante, com resultados no bom desenvolvimento do cérebro e dos neurônios, na reprodução, na conversão de betacaroteno em vitamina A, na síntese de proteínas e absorção intestinal de carboidratos e na atuação de várias enzimas.

O iodo (do grego *iodés*, que significa "cor violeta") está presente no mar e no solo na forma de íons (iodeto) e na atmosfera. Encontra-se também em pequena concentração em nosso organismo e deve ser suplementado por meio da alimentação. Em quantidades insuficientes ou excessivas, pode causar uma doença conhecida dos mais antigos, o bócio, popularmente chamado de papo, caracterizado pelo aumento do volume da tireoide. A existência de nódulos na tireoide é também considerada bócio, mesmo que não exista aumento do volume do pescoço.

O bócio está entre os quadros clínicos mais conhecidos quando o assunto é a deficiência de iodo. No entanto, há outros problemas derivados da falta de iodo, como o aborto, a prematuridade e a formação de anomalias congênitas no caso da gestação, além de problemas nas atividades mentais; retardamento no desenvolvimento físico e hipotireoidismo – no caso de crianças e adultos.

Em razão da boa excreção do iodo pela urina, nosso organismo tolera bem sua ingestão. Nas zonas em que se verifica a carência de iodo na água e no solo, como nas localidades distantes do mar, o bócio ocorre com maior frequência. Para prevenir os males que a deficiência de iodo pode causar, o Brasil adota desde a década de 50 o processo de iodização do sal de cozinha.

Epidemia mundial

A tireoide hipofuncionante (funcionando menos) pode ser classificada hoje como uma epidemia mundial. O número de mulheres com essa disfunção atendidas na Clínica Allegrum Vivi chega a 80%. Entre os problemas mais comuns que decorrem dessa situação estão: a obesidade e a depressão.

A taxa de funcionamento normal do corpo diminui, causando lentidão mental e física, com sintomas como fraqueza e cansaço, ganho de peso, palidez e apatia, como principal indício de depressão. Há, no entanto, alguns fatores de risco, que são idade superior a 50 anos, sexo feminino, obesidade, cirurgia de retirada da tireoide e exposição prolongada à radiação.

O grau de severidade da doença pode variar de leve, apresentando um quadro de depressão em que o diagnóstico de hipotireoidismo pode passar despercebido, até a forma mais grave, caracterizada pelo inchaço de todo o corpo.

Entre as causas mais comuns de hipotireoidismo estão: a deficiência de iodo e a doença de Hashimoto, uma doença autoimune, em que o sistema de defesa do organismo produz anticorpos contra células, tecidos ou órgãos do próprio corpo. Pesquisas recentes colocam a síndrome de Hashimoto como consequência de alergias alimentares. Já descrevemos anteriormente as doenças autoimunes como "doenças da bala perdida" e há ainda outras causas possíveis, como a retirada cirúrgica da tireoide, o uso prévio de medicamentos antitireóideos e a deficiência na regulação da glândula.

O fato é que a doença vem se tornando cada vez mais comum em todo o mundo e é fundamental tratá-la de maneira adequada. Nos recém-nascidos, por exemplo, que podem ter hipotireoidismo congênito, o tratamento é importante para prevenir o retardo mental, atraso no crescimento, deformações físicas e outras anomalias. Daí a importância do famoso "teste do pezinho" nos recém-nascidos.

Se não tratados, crianças e adolescentes com a doença podem ter seu desenvolvimento mental e físico comprometidos. Nos adultos, as consequências do não tratamento podem provocar considerável desconforto.

A evolução da nutrição tem dado demonstrações do sucesso das mudanças nos hábitos alimentares, especialmente na reposição de iodo, abundante em alimentos como alguns frutos do mar, alguns legumes e frutas, além do ovo cozido. No entanto, a reposição hormonal é o tratamento mais comum do hipotireoidismo, tendo como objetivo a reposição do hormônio que a tireoide doente não consegue produzir.

Turbinas a todo vapor

Em relação à produção de energia, a Tireoide é a nossa Itaipu, uma referência a uma das mais famosas de nossas usinas hidrelétricas, localizada na fronteira entre Brasil e Paraguai. Se estiver com todas as turbinas produzindo eletricidade a todo vapor, nossas lâmpadas de casa correm o risco de estourar. Ou seja, produzir energia demais também não é benéfico, como no caso do hipertireoidismo.

Trata-se de uma doença caracterizada pelo aumento da secreção dos hormônios da tireoide. Em sua forma mais leve, o hipertireoidismo pode não apresentar sintomas facilmente reconhecíveis. No entanto, pode se tornar uma doença grave, ocasionando transtornos psicóticos, alucinações e colocando em risco a vida do paciente. Entre os principais sintomas estão: taquicardia, perda de apetite, perda de peso, nervosismo, ansiedade e inquietação, intolerância ao calor e irregularidades menstruais.

A causa mais comum de hipertireoidismo é a chamada Doença de Graves, que ocorre quando o sistema imunológico começa a produzir anticorpos que atacam a própria glândula tireoide.

É possível pontuar ainda outras causas do hipertireoidismo, como nódulos de tireoide, bócio multinodular – doença que acomete idosos, tireoidite subaguda – que é a inflamação dolorosa da tireoide e até a ingestão de hormônio tireoidiano em excesso, para tratamento de hipotireoidismo ou como componente de medicações para emagrecer, entre outras.

Em tese, a doença não tem cura. Porém, há casos de tratamentos de sucesso quando a causa é a alergia alimentar. Leia mais a respeito de alergia alimentar no

Apêndice da obra. Além disso, vários tipos de tratamento podem ser indicados para o controle da doença, dependendo é claro de sua causa.

Tanto o hipotireoidismo quanto o hipertireoidismo podem resultar na indicação cirúrgica, para a remoção de parte ou de toda a tireoide, além da radiação química da tireoide. Para detectar os problemas no funcionamento da tireoide existem cinco marcadores principais, cuja medição é feita por exames de sangue: o TSH – hormônio que estimula a tireoide a trabalhar, o T3 e o T4 – hormônios responsáveis por acelerar reações celulares no organismo e os anticorpos da tireoide.

Importante ressaltar que os marcadores, ou exames de laboratório, são referências que se modificam a partir de novas pesquisas e estudos. O principal deles é o TSH, que indica como a hipófise está "pedindo" para que a tireoide trabalhe. É chamado hormônio estimulante da tireoide e se seu índice estiver alto significa que a tireoide está preguiçosa!

Os exames laboratoriais são realizados e constroem-se referências de padrões de normalidade. Esses padrões são observados por meio de pessoas que estão saudáveis e servem de referência. Acontece que principalmente nas questões hormonais existe uma discussão do que seriam padrões bons e padrões ótimos, pois se encontram muitos pacientes com sintomas "enquadrados" nos padrões normais. Por isso a medicina *Anti-Aging* vem questionando e trazendo a proposta de padrões hormonais para pessoas saudáveis entre 25 e 30 anos de idade, idade limite para as pausas hormonais!

Muitos médicos, atualmente, têm esquecido um dístico importante na medicina: "a clínica é soberana", o que significa que é prestar mais atenção ao corpo e às queixas dos doentes do que somente aos exames laboratoriais. A grande dica é que existe um teste infalível e muito simples de saber se sua tireoide está trabalhando normal ou menos que o necessário: a temperatura basal do corpo.

Para tirar a dúvida, basta medir a temperatura com termômetro de mercúrio logo que acordar pela manhã, antes mesmo de sair da cama, por 5 minutos, durante 5 a 10 dias. Depois, some todas as medidas e divida pelo número de dias que você aferiu, para obter uma média. Se esta média estiver abaixo de 36,5 podemos considerar que você está com sua tireoide hipofuncionante, independente do que os exames laboratoriais mostrarem. Aí, a dica mais importante é procurar seu médico.

Durante muitos anos de estudo chegou-se à conclusão que com a reposição apenas do T4, que não atua diretamente no corpo e se transforma em T3, poderíamos repor o hormônio e o organismo entraria em equilíbrio. Pesquisas recentes têm observado que cerca de 50% a 60% dos pacientes que repõem somente o T4 não apresentam boa evolução dos sintomas, e ficam clinicamente instáveis. A medicina da longevidade com esses estudos vem propondo também a reposição do T3 em doses menores e adequadas para cada paciente, o que vem trazendo novas perspectivas de melhora para esses pacientes! O hormônio triiodotironina, juntamente com a reposição de iodo, tem se revelado uma revolução na melhora dos sintomas dos pacientes com hipotireoidismo.

Fontes de informação para o capítulo:
http://www.nutricaoemfoco.com
http://boasaude.uol.com.br

Capítulo 19

Depressão é consequência, não causa

Predomínio anormal de tristeza, dificuldade de concentração, alterações do apetite e do sono, sentimentos de pesar ou fracasso. Sensações como estas vêm se tornando cada vez mais comuns entre as pessoas diante dos reveses da vida. O stress, a pressão no trabalho, os problemas familiares, a dificuldade financeira... Não faltam razões para a perda do grande combustível que move o ser humano adiante: a energia vital.

Por definição científica, a depressão é um problema médico caracterizado por sinais e sintomas, dentre os quais humor em baixa, tristeza, angústia ou sensação de vazio, além da redução da capacidade de sentir a satisfação ou de vivenciar o prazer. Se pensarmos um pouco na necessidade de energia vital que todo ser humano tem, a depressão é consequência da queda dessa vitalidade.

Sabemos que existe uma "sabedoria" do corpo físico, como se administração interna tivesse um responsável, um "administrador" que coordena as "finanças" internas.

É como uma contabilidade entre o ganho e a perda de energia vital, em um cálculo rigorosamente exato: quando gastamos mais do que ganhamos, perdemos energia. E aí acabamos entrando no "cheque especial" e ficamos sujeitos a juros, que são os sintomas. Para não gastar o que já não se tem disponível, o organismo entra em apatia, cansaço e em falta de ânimo pela vida.

Quanto mais estivermos no negativo, mais juros nós pagamos. Vem uma sensação de vazio e uma redução da capacidade de sentir. A pessoa deprimida vai buscar o recolhimento, o isolamento, apresentando grandes dificuldades em tomar as atitudes mais simples da vida, como levar os filhos à escola, ir ao banco ou até mesmo passear.

Esse paciente certamente apresentará um déficit dos neurotransmissores – hormônios cerebrais com funções muito específicas – como a serotonina ou a dopamina, alguns dos principais causadores da depressão. A serotonina está ligada à questão do bem-estar, do humor, do controle da ansiedade, do prazer e da fome. A dopamina tem sua função ligada à aprendizagem e à concentração e ao prazer. E a razão pelo déficit é muito simples de entender: esses hormônios estão em falta porque não estão sendo produzidos na quantidade necessária – o que ocorre quando o corpo não tem energia suficiente para isso.

Crise de energia

Hoje podemos dizer que já existe uma grande crise de energia, que é uma somatória de fatores em que temos uma economia interna ineficiente: não nos alimentamos bem, não dormimos bem, não praticamos exercício físico, não cuidamos dos nossos sentimentos e emoções e da parte espiritual... Porque não dá tempo. Só que o tempo é uma questão de prioridade. Tudo está ligado ao estilo de vida.

É exatamente pelo estilo corrido de vida que as pessoas levam que a depressão já foi até banalizada, por pura falta de informação. Nem tudo é depressão. É importante a cautela em um diagnóstico, que precisa, às vezes, de mais investigação. Hoje, a conduta terapêutica se volta aos antidepressivos, medicamentos que visam equilibrar o nível de neurotransmissores no cérebro.

O problema é que tomar somente antidepressivos não vai resolver a depressão. É como se você tivesse uma dívida em um banco e fosse pagar conseguindo dinheiro emprestado em outro banco. Ou seja, a dívida continua e, pior, vai aumentando com o tempo.

Temos visto vários mecanismos que ajudam a equilibrar esse nível de energia, que está muito baixo e, em consequência, combatem a depressão. Isso porque, ao invés do tratamento somente sintomático, é preciso tratar a causa. Essa é a razão pela qual se diz por aí que a depressão não tem cura. Tem sim, contanto que se trate a causa.

Uma senhora depressiva há cinco anos chegou desolada ao consultório, pois já havia perdido as contas do número de médicos que procurara para combater o mal. Ela não tinha visão transpessoal da vida e entendia que com a morte tudo chegava ao fim. A conversa foi longa e chegamos a um fato aparentemente simples do passado, que foi o começo do processo: a dificuldade de seu bebê ganhar peso. Muitas mães passam por isso, procuram o pediatra e suplementam a alimentação de suas crianças. Mas, isso não bastou para ela, que sentiu extrema dificuldade para lidar com a situação.

A questão ganhou tamanhas proporções, que depois de muitos anos ainda vinha gerando nela um gasto mais acentuado de energia e ocasionando a depressão. Os antidepressivos não surtiam efeito duradouro e foi somente trabalhando a causa com mais profundidade que a paciente conseguiu se livrar da doença. Pouco a pouco, ela se propôs a rever a questão sob outro ponto de vista, de forma um pouco mais filosófica e transpessoal.

Homeopaticamente, foi tratada quanto às carências que tinha de sua própria mãe. No aspecto físico, alterou sua nutrição, que foi suplementada para ajudar a aumentar a produção dos neurotransmissores. Devagar, foi eliminando os remédios antidepressivos. Em três meses, estava curada.

Você pode estar boquiaberto, achando que o problema dela era simples demais para causar tamanho dano. No entanto, é difícil julgarmos os outros sem estar dentro deles para sentir da forma como sentem. Qualquer fato ou situação da vida comum pode desencadear questões passadas que mexem muito com as pessoas. Por isso, é preciso muito respeito e atenção por parte do médico no momento de ouvir o problema alheio, procurar entender a questão e, mais do que isso, fazer com que o paciente possa enxergá-la com outros olhos.

Ao contrário do que muitas pessoas pensam uma depressão de verdade jamais é curada apenas com situações prazerosas. É muito comum que as pessoas incentivem seus familiares e amigos que estão naquela fase mais difícil, a sair, passear, viajar. Claro que a intenção é a melhor possível, mas não adianta nada. Dependendo do nível de depressão, a pessoa pode chegar a ter um abandono completo da vida, chegando até o suicídio, nos casos mais graves.

Por isso, nem atividades de lazer, nem compras e nem mesmo uma grande viagem podem resolver o problema. O crescente estudo acerca desse mal concluiu que a depressão é uma doença reversível, ou seja, há cura completa se tratada adequadamente. Daí a fundamental importância do primeiro passo, que é o diagnóstico. Afinal, se trata de uma doença que não pode ser revelada em radiografias, tomografias ou auscultada pelo estetoscópio. É preciso conversa muita conversa para se chegar às causas do problema.

Os eventos desencadeantes podem ser muitos. É até fácil encontrar uma relação entre certos acontecimentos estressantes na vida das pessoas e o início de um episódio depressivo. Esses eventos, contudo, não podem ser responsabilizados pela manutenção da depressão. Na prática, a maioria das pessoas que sofre um revés se recupera com o tempo. Quando essa recuperação não acontece sozinha, aí sim se instalou uma depressão.

Prevenção e combate

A reposição de energia é a grande chave para a prevenção e o combate à depressão. Esse ganho de energia está dividido em quatro níveis: físico, emocional, mental e espiritual. Fisicamente, se ganha energia por uma alimentação saudável, pelo exercício moderado e pelo repouso. Para isso, o conselho é deixar um pouco de lado os alimentos refinados e as massas, que exigem mais do metabolismo. Abusar das frutas, das verduras e dos legumes pode ser um excelente começo. Além disso, o exercício moderado é recomendável, a exemplo da caminhada, que auxilia no controle do colesterol e do diabetes, provoca oxigenação cerebral, previne osteoporose, fortalece os ossos e dá mais vitalidade.

Outro ponto importante no aspecto físico é o sono. Fundamental para todo ser humano, o sono repõe as energias e os hormônios necessários ao bom funcionamento do organismo. O processo é semelhante a um mergulho. Os mergulhadores sabem que, para buscar um tesouro, é preciso ir devagar e bem fundo. A volta também deve ser lenta, para não causar problemas. Com o sono é a mesma coisa. Para buscar o tesouro da energia é preciso dormir bem, dormir fundo, ter o que chamamos de sono reparador.

No aspecto emocional, o ganho ou a perda de energia são proporcionais à forma como se lida com as emoções. O elemento água é uma simbologia da emoção e nem é preciso dizer que o planeta Terra é composto em 70% a 80% por água. Da mesma forma, nosso corpo é composto em 70% por água. Ou seja, nós somos pura emoção!

A dor, como uma experiência sensitiva e emocional, gasta energia. Inconscientemente, o organismo gasta energia na tentativa de sanar essa dor, de cicatrizar a "ferida emocional". Daí a importância do desenvolvimento de habilidades para lidar com as emoções, por meio de terapias, leituras edificantes e até conversas com amigos. A dica é buscar o autoconhecimento, assumindo limites e potenciais, para transformar crises em oportunidades de melhoria.

O nível mental é o nível dos pensamentos. Sendo o cérebro um órgão com bastante irrigação, o ato de pensar despende, naturalmente, energia. Quando os pensamentos são conflitantes, relembrando desentendimentos, repetindo frases ditas e ensaiando o que ainda se pode dizer, o gasto de energia é ainda maior. O choque de padrões mentais define essa situação conflituosa de pensamentos. Nesse aspecto, é preciso mudar conceitos internos, mudar paradigmas e quebrar preconceitos por meio do autoconhecimento e abrir a mente para o novo.

Transcendência interior

A falta de energia espiritual também é um fator importante para os quadros de depressão. A definição de um propósito de vida, como fator de proteção contra as adversidades e de recuperação de episódios depressivos, vem sendo objeto de estudos entre os profissionais de saúde. No momento em que o paciente decide mudar seu comportamento diante do sofrimento de uma depressão, a espiritualidade é fator fundamental, entendida como um estado de transcendência interior.

Tudo isso tem a ver com o sentido que as pessoas dão às suas vidas, com as sintonias que fazem com energias boas ou ruins. Tem a ver com a vibração que as pessoas emitem ao seu redor, contribuindo para a melhora ou a piora de seu quadro de saúde. Nesse sentido, a busca por uma força maior – por uma conexão entre a Humanidade e uma instância superior – faz parte da procura humana pelo sentido da existência e representa fator importante no tratamento da depressão. Deus é a resposta.

Identificar o propósito de sua vida poderá ser um ganho de energia como se você ganhasse na loteria, sozinho!!! Saber para quê nós estamos aqui e para onde vamos, traz fonte de equilíbrio energético como se tivéssemos um gerador de energia interno colocado em funcionamento.

A depressão é uma doença milenar, tratável e curável a partir de um diagnóstico preciso e de boas doses de vontade. A proposta consiste em ajustar os parâmetros: físico, mental, emocional e espiritual; cuidar da saúde, recobrando as rédeas dos pensamentos, dos comportamentos e mudando a forma de encarar a vida. Ninguém falou que seja fácil. A boa notícia é que é possível e qualquer pessoa pode desenvolver essa habilidade.

Intoxicações vibracionais e Espirituais

Também aqui teremos um momento de controvérsias para aqueles mais céticos (pulem esta parte), mas aqueles que decidirem ler poderão identificar algo corriqueiro em nosso dia, as contaminações vibracionais e as vampirizações. Se um paciente estiver sob essas condições é como se "tirassem" o dinheiro da conta dele sem que ele soubesse; por mais que depositasse, sempre estaria no "negativo", e por isso esses pacientes precisam de assistência Espiritual especializada para curarem sua depressão!!!

Abaixo, casos interessantes que elucidam o que nós estamos falando:

Caso 1: Srª. H.H.D.D.S. – 59 anos
Primeira consulta em 19/11/2011.

Tratando de distúrbio bipolar com medicações psiquiátricas há 03 anos.

Queixas: fadiga, falta de energia vital, transpirações noturnas, desânimo, etc., com início após sua sobrinha ter ficado internada em uma UTI o que lhe causou enorme preocupação, e pesar, e como ela relatou, enorme desgaste. Nesse caso percebemos que o fator que desencadeou a "depressão" foi o gasto de energia em excesso com sua sobrinha!

Segunda consulta em 01/02/2012.

Após equilibrar suas energias com alimentação, orientações emocionais, e modulação hormonal, principalmente de sua tireoide, relata melhora de 80%, e por sua conta parou de tomar os medicamentos psiquiátricos, o que não é recomendado.

Caso 2: Srª. P.H.G. – 39 anos

Primeira consulta em 10/10/2011.

Queixas: pânico e depressão, aumento do peso, perda da libido, irritabilidade, tudo isso após o parto.

Após conscientização do quadro de desgaste de energia vital por causa da gestação e do parto, foi medicada com modulação da tireoide e orientação alimentar, com suplementação.

Nova consulta em 13/02/2012 com melhora expressiva do quadro de depressão e pânico. A paciente emagreceu, sente-se com mais vitalidade, e está retirando os medicamentos antidepressivos.

Capítulo: 20

Obesidade

Durante muitos anos, assim também muitos dos meus colegas, fomos inclinados a acreditar que a obesidade fosse uma questão de "falta de vergonha", ou "falta de vontade" do obeso. Ainda existe um pensamento generalizado, que se "fechar a boca" resolve-se o problema da gordura. E como eu pensava que era algo fora do fórum médico sério, não tinha paciência para estudá-lo e atender pacientes com esse "desvio" de comportamento alimentar.

Após estudos de medicina suplementar, como ortomolecular e hormonal, medicina da longevidade, venho percebendo que se trata de uma doença e muito importante!

Não quero aqui relatar o que já se fala acerca das consequências da obesidade, pois são muito conhecidas, mas sim levantar questões que tenho aprendido com meus pacientes no cotidiano, e com livros que trazem novos paradigmas.

Obesidade: doença inflamatória

A inflamação, do ponto de vista subclínico, isto é, que não percebemos clinicamente, mas que são identificadas com exames específicos é hoje em dia uma das epidemias mundiais que leva a várias doenças.

O processo inflamatório causado pelos alimentos, como você verá no capítulo a respeito de nutrição, leva ao desequilíbrio do metabolismo orgânico.

Imaginemos o metabolismo como uma máquina, que recebe em uma extremidade a matéria-prima para seu devido aprimoramento, e deverá produzir os produtos específicos.

Essa "máquina" tem um sistema inteligente, uma vez que foi ligada, jamais poderá parar, por risco de quebrar definitivamente. Seu funcionamento depende de vários fatores:

- Qualidade da matéria-prima.
- Quantidade da matéria-prima.
- Voltagem que está ligada à rede elétrica.
- Manutenção das engrenagens.
- Lubrificação adequada.

Primeiro paradigma acerca da obesidade: quem come muito engorda. Eu pergunto para você que está obeso ou que conhece alguém obeso: – Você conhece alguém que come mais do que você e esteja mais magro? Todos os pacientes para quem faço essa pergunta me respondem que sim! Então, não é o alimento que engorda, é o seu metabolismo que não funciona adequadamente.

Voltando à nossa máquina imaginaria como se fosse a "máquina metabólica", que nunca poderá parar, pois aí morremos!

- A qualidade da matéria-prima é o tipo de alimento ingerido, que vai proporcionar um bom ou mau funcionamento; com alimentos falsos, teremos a engrenagem trabalhando de maneira inadequada, como se colocássemos pedras em um triturador e esse tivesse dificuldades em triturar e, portanto, trabalharia mais devagar.
- A quantidade de matéria-prima seria a quantidade de alimentos e calorias ingeridos, pois esta máquina está programada, geneticamente, para se proteger no caso de não haver alimento, diminuindo sua velocidade, quando está ausente ou escasso o alimento. Abaixo trazemos duas avalições corporais de um paciente que vinha fazendo "regime" desde criança com restrição de calorias. Imploramos para que ele fizesse uma experiência durante um mês, para que comesse mais e melhor, e teve uma surpresa. Compare as duas avaliações e veja a diferença entre peso e composição corporal!!!

1ª Avaliação

Composição Corporal

	Abaixo	Normal	Alto (Unidade)	Faixa normal
Peso	55 70	85 100 115	130 145 160 175 (122,7 kg)	56,8 ~ 76,8
MME Massa de Músculo Esquelético	70 80	90 100 110 (34,1 kg)	120 130 140 150	28,6 ~ 35,0
Massa de Gordura	40 60	80 100 160	220 280 340 400 (62,0 kg)	8,0 ~ 16,0

A C T Água Corporal Total	44,5 kg (37,6 ~ 46,0)	M L G Massa Livre de Gordura	60,6 kg (48,8 ~ 60,8)

Diagnóstico da Obesidade

	Valores	Faixa normal
IMC (kg/m2) Índice de Massa Corporal	40.5	19,1 ~ 23,0
PGC (%) Percentual de Gordura Corporal	50.5	10,0 ~ 20,0
RCQ Relação Cintura-Quadril	1.01	0,80 ~ 0,90
TMB (kcal) Taxa de Metabolismo Basal	1681	2397 ~ 2848

$$IMC = \frac{Peso,kg}{(Altura,m)^2}$$

$$PGC = \frac{Gordura,kg}{Peso,kg} \times 100$$

$$RCQ = \frac{\text{Circunferência da cintura,cm}}{\text{Circunferência do quadril,cm}}$$

2ª Avaliação

Composição Corporal

	Abaixo	Normal	Alto (Unidade)	Faixa normal
Peso	55 70	85 100 115	130 145 160 175 (126,6 kg)	56,8 ~ 76,8
MME Massa de Músculo Esquelético	70 80	90 100 110 (36,7 kg)	120 130 140 150	28,6 ~ 35,0
Massa de Gordura	40 60	80 100 160	220 280 340 400 (61,5 kg)	8,0 ~ 16,0

A C T Água Corporal Total	47,7 kg (37,6 ~ 46,0)	M L G Massa Livre de Gordura	65,0 kg (48,8 ~ 60,8)

Diagnóstico da Obesidade

	Valores	Faixa normal
IMC (kg/m2) Índice de Massa Corporal	41.8	19,1 ~ 23,0
PGC (%) Percentual de Gordura Corporal	48.6	10,0 ~ 20,0
RCQ Relação Cintura-Quadril	1.01	0,80 ~ 0,90
TMB (kcal) Taxa de Metabolismo Basal	1775	2462 ~ 2927

$$\text{IMC} = \frac{\text{Peso,kg}}{(\text{Altura,m})^2}$$

$$\text{PGC} = \frac{\text{Gordura,kg}}{\text{Peso,kg}} \times 100$$

$$\text{RCQ} = \frac{\text{Circunferência da cintura,cm}}{\text{Circunferência do quadril,cm}}$$

A primeira avaliação estava com 122,7 kg, divididos em: massa magra (músculos) 34,1Kg e massa gorda (gordura) 62 kg e água corporal total = 44,5kg e apresentava 50,5% de gordura.

Na segunda avaliação estava com 126,6 kg será que engordou? Vamos ver a constituição: massa magra 36,7kg (ganhou 2,6 kg de músculos em um mês!), massa gorda 61,5kg (começou a queimar), água corporal total 47,7 (está com mais retenção de água) e apresentava 48,6% de gordura (perdeu 2% aproximadamente em 01 mês!!!).

Outra observação importante é a taxa de metabolismo (TMB), que é a "velocidade" do metabolismo que estava na primeira avaliação 1681 (ideal entre 2397 e 2848), evoluiu para 1775 (ideal entre 2462 e 2927).

O que significa estes dados: que o paciente necessita de muita caloria para viver. Quando melhorou sua alimentação aumentando sua ingestão calórica, perdeu gordura, ganhou músculo, diminuiu a porcentagem de gordura no corpo, e melhor de tudo, está mais feliz, pois não passa mais fome!!!

Cuidado com a balança que afere o peso total e não faz diferença entre músculos (sinal de saúde) e gordura!!!

Portanto, quanto mais você restringir sua ingestão de calorias saudáveis, mais você diminuirá a velocidade de seu metabolismo e poderá emagrecer em uma primeira fase (ou perder músculos) e depois voltará a engordar mais que antes, novamente, – é o efeito sanfona!!!

> **! IMPORTANTE**
>
> Portanto, quanto mais você restringir sua ingestão de calorias saudáveis, mais você diminuirá a velocidade de seu metabolismo e poderá emagrecer em uma primeira fase (ou perder músculos) e depois voltará a engordar mais que antes, novamente, – é o efeito sanfona!!!

Lembre-se: precisamos de calorias para viver!

- Voltagem na rede elétrica é o sistema hormonal. Em primeiro lugar a regulação da tireoide, estudado em capítulo anterior, se não estiver trabalhando de maneira ótima, é como um equipamento de 220 w trabalhando em 110 w, lenta e irregular!

  Na menopausa e andropausa e principalmente na fadiga adrenal, teremos células trabalhando sem "combustível adequado", o que diminui a velocidade do conjunto.

  A manutenção dessa máquina especial, que chamamos de metabolismo, está nos exercícios físicos, que irão, pelo movimento, otimizar seu funcionamento. O sangue chegará melhor e com mais oxigênio em todas as partes do organismo, "desenferrujando" com uma simples caminhada!

- Lubrificação adequada: a máquina necessita de "lubrificação especial" com os suplementos nutricionais, pois se estivermos subnutridos, naturalmente o metabolismo não terá os elementos para trabalhar com velocidade e perfeição. De acordo com o que já foi visto, os nossos alimentos, além de falsos, os que são supostamente verdadeiros estão cheios de agrotóxicos, e são muitas vezes plantados em solos cansados e desnutridos, portanto alimentos considerados pobres do ponto de vista nutricional.

Estas questões nos remetem às origens biológicas da obesidade, porém também existem os componentes emocionais e espirituais a serem estudados.

Aspectos emocionais: vários livros trazem as questões psicossomáticas da obesidade sendo a mais importante como resultado de proteção ao indivíduo (a gordura como capa protetora), em que supostamente existiria algum tipo de ameaça!

Em minha experiência pessoal quando trabalhei como psicoterapeuta transpessoal eu encontrei várias pessoas que tinham um "mandato" inconsciente para que permanecessem obesas, com as mais variadas razões:

- Medo de morrer de fome!

- Medo do assédio sexual!

- Desejar Ser reconhecida (o) pelo que sou e não pelo meu corpo!

- Medo de lidar ou não saber lidar com a própria sexualidade!

- Medo de ser frágil, ou de ser considerado frágil!

- Manter um "status quo" como uma mulher que se emagrecer e se sentir atraente terá de reavaliar seu casamento.

- Medo de ser visto como doente (aids)!

- Medo de "não pertencer" – paradigmas familiares de famílias obesas! Etc.

Aspectos espirituais

Segundo relatos de André Luiz, pseudônimo de um Espírito psicografado por Chico Xavier em vários livros, a maioria de nós consegue programar um pouco do nosso futuro corpo antes de reencarnar, portanto, quando alguém me relata que já nasceu obeso, eu me pergunto: É a programação do próprio Espírito que assim deseja? Sabemos que trazemos registros de encarnações passadas e que por isso podemos pedir uma nova vivência sem certas "dificuldades" que tivemos em vivências anteriores.

Por exemplo, uma vez atendendo a uma moça com dificuldades afetivas importantes e com obesidade, após processo terapêutico descobriu que trazia uma informação em seu inconsciente de prostituição, uma experiência de prostituta e a causa que teria levado seria um corpo muito exuberante, com um magnetismo sexual muito potente!!! Relatava que, apesar de hoje não ter um corpo bonito dentro dos padrões atuais, ainda "sofria" com o magnetismo na relação com os homens que muitas vezes a tratavam daquela maneira!!!

Dicas do autor

Dicas:

- Reavalie sua dieta com os novos paradigmas.
- Fuja dos alimentos inflamatórios.
- Levante os paradigmas familiares a respeito de magreza e gordura (se for de origem latina: ser gordinho é bonito e saudável).
- Reavalie sua condição hormonal, com um médico que reconheça as patologias funcionais.

Capítulo 21

ENXAQUECA: A FOME DO CÉREBRO

Dor de cabeça, cefaleia, no termo médico pode ter centenas de causas, portanto aqui não pretendo definir, mas sim ampliar como podemos lidar com esse mal epidêmico.

O cérebro, o órgão que dirige nosso organismo, é o "gerente geral" o corpo e por isso precisa de muita atenção, ele só se subordina ao "presidente" que neste conceito é o Espírito ou Alma.

Muitas das dores de cabeça são informações que não percebemos, advindas desse órgão.

As mais comuns são as enxaquecas, dores que "martelam" nossa cabeça de um ou do outro lado, que pioram com determinados estímulos como: luzes e sons e são acompanhadas com alterações visuais, auditivas, ou digestivas; cada pessoa escolhe seu modo de ter a enxaqueca.

Gosto de investigar essas dores como "fome" ou "indigestão" cerebral – vamos explicar.

Quando temos fome, aprendemos que seu sintoma é um desconforto na região da barriga, identificamos porque aprendemos!

Quando comemos muito, temos um desconforto na região do abdome, e outros sintomas como náuseas, mal-estar, etc., nós aprendemos que isso é proveniente de um exagero alimentar ou de alimentos inadequados.

Mas, não aprendemos a identificar a "fome cerebral", não sabemos que o cérebro gasta, sozinho, 20% de toda nossa energia vital e que por isso necessita de muito alimento e de boa qualidade!

Quando temos pequenas quedas da glicose no sangue, o primeiro a perceber é o cérebro, por isso envia "sinais" de fome, pois qualquer défict de alimentação para o cérebro gera imensas perdas de neurônios, isto é, morrem milhares de neurônios por fome!!! O sangue tem de chegar ao cérebro em quantidades excelentes de glicose e de boa qualidade, se não acontece isso, ele passa necessidade e precisa notificar isso com seus sintomas e um deles é a dor.

As oscilações de glicose, podendo causar a hipoglicemia, geram transtornos intensos no circuito cerebral, e muitas das enxaquecas crônicas podem melhorar muito com essa observação e o cuidado de dar ao cérebro boa glicose várias vezes ao dia.

Portanto, a primeira observação para você que "pensa", é que você gasta muito combustível cerebral: Está fornecendo o suficiente?

Vá agora mesmo comer uma fruta, para continuar a gastar energia lendo o livro e aproveitá-lo melhor!!!

Alimentação de qualidade, e de 03 em 03 horas, poderá ser o início de uma melhora para sua enxaqueca crônica.

Mas, também existe o sangue que chega ao cérebro levando combustível de péssima qualidade, e este supermotor não funciona bem, "rateia" e manda sinais de mau funcionamento, dor, tonturas, alterações de humor e de ansiedade, que podem ser causadas pelos "combustíveis" (alimentos) de qualidade duvidosa.

Hoje sabemos que alimentos que provocam alergias podem desencadear reações inflamatórias subclínicas na região cerebral, e ser responsáveis pelas cefaleias.

Evitar leite e laticínios, glúten e açúcar por 01 mês para fazer um teste terapêutico, pode ser algo libertador para aquele que tem esse mal epidêmico.

Em minha experiência tive também alguns casos de celafeias graves, tratadas com psicoterapia transpessoal com excelentes resultados, pois se evidenciaram questões no corpo perispiritual ou psicossoma, mas isso é assunto para outro livro...

Dicas do autor

Dicas:

- Faça um diário de sua alimentação, e quando tiver a crise de enxaqueca, investigue o que comeu até 04 dias anteriores.
- Perceba, quando vier a crise, se teve um gasto maior de energia: estresse, maior carga de trabalho mental, etc.
- Registre o tipo de sua dor, descreva como ela aparece e se possível construa uma metáfora (por exemplo, parece algo que aperta a cabeça dos dois lados semelhante a uma morça), e trabalhe na metáfora (retiro minha cabeça da morça, usando dois enormes imãs, um de cada lado, superiores às forças colocadas na morça).

Capítulo 22

Diagnóstico final

Todos nós gostamos de saber o que temos e como podemos nos salvar; saber qual o diagnóstico para assim poder curar todo o mal e ficarmos livres e saudáveis para sempre... Até a próxima experiência!

Não existe, portanto, um diagnóstico final e sim um acompanhamento do nosso processo de viver aqui neste Planeta altamente insalubre.

Manter um organismo saudável em todos os níveis, físico, mental, emocional e espiritual é a proposta pedagógica neste mundo, portanto ficar saudável e feliz para todo o sempre não faz parte desta escola. Aprender com professores-doenças nos faz crescer, porém o sofrimento é maior para aquele aluno que não se dedica a estudar e se aprofundar nas "matérias" fornecidas pelos professores.

Cada dia existe mais facilidades para o estudo. As novidades da medicina vêm trazendo uma revolução na arte de diagnosticar e tratar, mas isso não vem trazendo mais saúde-saudável para a Humanidade, pois os livros podem ser eletrônicos, mas as matérias precisam ser estudadas!

Olhar para dentro de si mesmo, conversar com seus órgãos, mergulhar em suas dores são temas desprezados pela medicina atual, e muitas vezes ridicularizados, como se a cura viesse de fora e não de dentro. Aceitar a doença como algo também divino pode ser visto como amar os nossos inimigos, e fazer o bem àquele que te maltrata, essa transformação paradoxal que podemos colocar em nossa vida, e deixar o homem velho para surgir o homem novo, já em uma definição diferente do que é viver em um Planeta de transformação, para apesar da dor não mais sentirmos sofrimento.

Apêndice

O que você ainda não sabe sobre nutrição!

Drª Joely Pucci

1-Nutrir-se ou se alimentar?

Vamos conversar a respeito da questão alimentar: a diferenciação entre alimentar-se e nutrir-se de forma equilibrada e adequada dentro da correção molecular de forma individualizada. Por isso, a tão falada dieta do grupo sanguíneo, a dieta nutrigenômica, justamente objetivando a personalização metabólica e orgânica de cada indivíduo, respeitando sua bioquímica interna e peculiar.

Nós temos a distinção entre alimentação natural, alimentação fisiológica e alimentação civilizada.

Alimentação natural é aquela que respeita o ciclo alimentar.

Nossos primitivos buscavam, selecionavam e se alimentavam quando sentiam fome, apenas fome.

A alimentação fisiológica já vem mudando um pouco esse tipo de comportamento. O hábito de ingestão de alimento são as respostas normais, as sensações de fome e saciedade, ou seja, eu como muitas vezes para saciar internamente os processos bioquímicos, porém, há um componente emocional, que me leva a comer além do necessário, além daquilo que meu corpo está necessitando para manutenção do metabolismo basal.

Alimentação civilizada, baseada em regras culturais, ou seja: quando, o quê, e de que maneira comer é determinado pelos parâmetros externos do indivíduo ou do grupo. O tipo de alimento, os horários, o tamanho das porções são decididos com base na conveniência do grupo cultural. Ou seja, o costume daquele grupo, o horário daquele grupo, o que mais se gosta de ingerir quando se está conversando determinado assunto. Tudo isso deve ser levado em consideração.

Os alimentos naturais são todos oferecidos pela natureza, que podem ser de origem animal ou vegetal. E não são poucos, existem muitos!

Alimentos refinados são os alimentos artificiais, melhor dizendo, aqueles em que a civilização já se norteou, e já interagiu de uma maneira a transformá-lo. Dentro desses conceitos artificiais nós temos alimentos refinados, industrializados e os elaborados.

Quanta coisa nós temos e já modificamos em nossa conduta alimentar. Não adianta fazermos reeducação alimentar se não houver um olhar a respeito da crença de base, do aspecto nutricional em nível emocional. Há necessidade de identificação de crenças enraizadas para que se possa elaborar e modificar a conduta, ocasionando como resultado mudanças positivas sobre o comportamento alimentar.

Observam-se muitas pessoas querendo vivenciar e elaborar dietas, emagrecer, entrar em processos sem promover mudança de padrão de crenças e valores, sem a perpetuação de um comportamento disciplinar que ocasione a criação de hábito alimentar resultando em uma conduta. É impossível! A não elaboração e atuação sobre a crença raiz inviabiliza o processo, resultando no sistema sanfona – emagrece e engorda e as alternâncias entre as dietas.

Os alimentos refinados são as substâncias concentradas e hipercalóricas obtidas dos alimentos naturais. Por exemplo, o açúcar, as farinhas brancas, o arroz, o álcool, a caseína, as margarinas, as gorduras refinadas.

Os alimentos industrializados são aqueles alimentos fabricados com os alimentos refinados, ou seja, esses refinados acabam sendo matéria-prima para formatação dos alimentos industrializados. Por exemplo, os pães, os macarrões, os biscoitos, os bolos, os merengues, os refrigerantes são todos eles industrializados.

Os alimentos elaborados são aqueles feitos por associações entre alimentos refinados e industrializados pelos famosos "fast food".

Observa-se o quanto há de complexidade no entendimento desse sistema: como nos alimentar ou nos nutrir de forma adequada.

Então vejamos: se eu me alimentar de forma equivocada, isso faz também com que eu tenha distúrbios hormonais e muitas vezes distúrbios do eixo hipofisário. Há muitas pessoas que por carência de selênio ou iodo em suas dietas produzem distúrbios tireoidianos. Você sabia?

Precisamos desses minerais para que a tireoide, juntamente com os estímulos do TSH, possa produzir o T4 e o T3. Sem isso, não há como esse processo bioquímico acontecer. Exemplificando: Nós sabemos que a parte ativa do hormônio tireoidiano é o T3, e não o T4. Para o T4 que é produzido pelo nosso organismo, por meio da ingestão de iodo, fazer essa conversão, para ele se transformar em T3, e esse T3 ser o responsável pela ação e coordenação do metabolismo é necessário nós termos o selênio, isso mesmo, um mineral essencial à promoção dessa conversão. Caso não haja esta conversão, o indivíduo acaba tendo excesso do T4, a não conversão do T3 e um processo de disfunção tireoidiana em primeiro lugar e, posteriormente, um processo de hipofunção tireoidiana.

Obviamente, a pessoa começa a apresentar toda a sintomatologia do processo do hipotireoidismo: o cansaço, a fadiga, o ganho de peso, a desmotivação. O desespero chega!

Teremos um problema de hipotireoidismo crônico com toda sintomatologia pertinente, e quadros depressivos também se encontrarão por aqui.

Outra questão a ser abordada: as gorduras poli-insaturadas, a gordura do colesterol. Extremamente comum e natural nós termos essa gordura no organismo, só será danoso se tivermos em nosso organismo uma inflamação subclínica.

Desta feita, poderemos nivelar o metabolismo desse lipídeo através da ingestão dos óleos nutricionalmente adequados: os óleos de ômega 03, de origem animal ou vegetal, para a metabolização adequada dessa gordura do colesterol, e seja sintetizado o hormônio extremamente ativo da nossa parte cerebral que é a pregnenolona. Hormônio esse, responsável pela cognitividade, memorização, rapidez de raciocínio e de construção de pensamento.

2- ALIMENTE SEU CÉREBRO – NUTRIÇÃO CEREBRAL-FUNCIONAL

Nutrição funcional, nutrição clínica e nutrição cerebral – o que tudo isso tem a ver com a questão da ingestão dos nutrientes adequados.

Em nutrição funcional, há a necessidade de reposição adequada, suplementada de nutrientes, aminoácidos, vitaminas e minerais que irão fazer com que o órgão tenha sua funcionalidade dentro do sistema orgânico. Um exemplo disso: para formarmos algumas enzimas digestivas nós precisamos ter o mineral cobre, o selênio, e o zinco.

Todos esses são minerais, que muitas vezes, poderiam ser extraídos dos alimentos, mas infelizmente a qualidade nutricional dos nossos alimentos é extremamente baixa. Por isso, que muitas vezes faz-se necessária a utilização desses minerais na forma de cápsulas.

Quando há a suplementação adequada ao indivíduo, seus órgãos trabalham de forma fisiologicamente equilibrada. A isso se chama nutrição funcionalmente adequada, ou seja, nutrição funcional.

A nutrição clínica vem apresentando o quê?

O indivíduo apresenta uma patologia, por exemplo, o diabetes, e precisa, por sua vez, ter uma suplementação, um aporte de nutrientes um pouco diferenciado daquele que faz o pâncreas funcionar normalmente. Então, teremos como auxiliares: o cromo, o vanádio que são os micronutrientes responsáveis por auxiliar a metabolização da glicose, normalizando essa biotransformação orgânica. Para quê? Para que o indivíduo tenha a sua liberação de insulina gradual de forma organizada e possa, então, levar o organismo a um equilíbrio mais acentuado, ocasionando um ritmo de vida melhor. Assim, a nutrição clínica volta-se para o indivíduo que já tem alguma patologia instalada e necessita melhorar a funcionalidade de determinado órgão de forma específica ou sistêmica.

A Nutrição cerebral é extremamente interessante e realmente vem revolucionando a psiquiatria e a psicologia, por haver uma correlação direta entre os alimentos ingeridos de forma errada, gerando expressões comportamentais alteradas.

Muitas vezes se atenta somente para o comportamento isolado sem se ater ao movimento alimentar, a tudo aquilo que o indivíduo ingere, e que internamente sofre reações bioquímicas, transformando-se em metabólitos, os quais estimulam de forma equivocada o sistema imunológico, que por sua vez reage com a liberação de anticorpos, com repercussões bioquímicas que acontecem no corpo, e podem atingir a parte cerebral.

O nosso córtex frontal fica realmente hiperestimulado por todas essas situações precisando dos nutrientes adequados, os chamados *smart* nutrientes, que são pequenos nutrientes em doses diminutas que irão fazer realmente uma revolução, irão regenerar, energizar, nutrir os nossos neurônios. Por exemplo: a vitamina E, muito bem suplementada, atua como um excelente antioxidante lipossolúvel, um protetor, um neuroprotetor em nível cerebral, protegendo as células, os neurônios dos radicais livres.

A vitamina C, poderoso antioxidante hidrossolúvel. A vitamina D com a finalidade de fixar o cálcio no interior das células e todos os outros nutrientes que podem ser suplementados. Por exemplo, a vitamina D3 participa da manutenção das substâncias químicas e nervosas no nosso cérebro coordenando a nossa memória e o nosso pensamento.

A vitamina B2 é muito importante para a memorização, para aquisição de conhecimentos e para a manutenção do humor. Ela ativa uma enzima denominada glutadiona, enzima protetora da nossa estrutura cerebral.

Notem que quando não se tem a quantidade adequada dessa vitamina na alimentação e não há suplementação, fatalmente irá ocorrer distúrbios de memória, distúrbios ou alteração de humor, agressividades comportamentais. Realmente é uma revolução. Uma descoberta de muita alegria, porque muitas doenças psiquiátricas que até então eram qualificadas, padronizadas dentro da nomenclatura ortodoxa da medicina, começam a ter novos vislumbres de melhora.

Assim como a serotonina! Quantas pessoas andam deprimidas e quando amplificamos nosso olhar a esse respeito, percebemos que muitas vezes, a correção dos nutrientes, precursores da serotonina, melhoram muito o quadro comportamental e o quadro emocional que o paciente está vivenciando. Sabemos que, por exemplo, a serotonina tem como precursor o L-triptofano, um aminoácido que sofre transformações bioquímicas no nosso organismo, e através de enzimas irá atuar em receptores específicos modificando-se em serotonina, neurotransmissor responsável pela alegria e bem-estar e, conjuntamente com ela, há muitas vezes a formação da endorfina.

Está aí o caso dos fibromiálgicos. Não adianta administrar mil relaxantes para distensionar a musculatura do paciente, pelo contrário, são casos em que se tem a falta da serotonina. Os fibromiálgicos têm um potencial de fabricação muito pequeno, por isso que os pacientes ficam mais sensíveis aos estímulos dolorosos, à apalpação, e têm reações de analgesia mais demoradas, ou seja, demora mais para passar a dor, o que é contrário ao processo de analgesia bioquímica que nós temos internamente. Ampliando um pouco mais a esse respeito, quando nós temos o aporte desse aminoácido, o triptofano-L, precursor da serotonina, na ausência de luz e auxiliada pela vitamina B2, ácido fólico e Same, transformada pela glândula pineal em melatonina, hormônio do sono e restaurador orgânico. Observemos como a nutrição de forma adequada se refere a uma cadeia sistêmica. E utilizar os nutrientes adequados significa promover o equilíbrio bioquímico do sistema, resultando em uma saúde integralizada.

A insônia – muitas pessoas são acometidas por este distúrbio. Usam hipnóticos ou sedativos convencionais para induzir quimicamente o sono. A questão é: quando se para de tomar esse tipo de medicação, ou esse tipo de estímulo químico, tem-se um problema instalado.

O problema não foi solucionado, ele foi adiado!

A real importância do olhar nutricional. Ao administrarmos, adequadamente, o aminoácido necessário triptofano-L com os componentes das vitaminas e dos minerais, isso se biotransforma em serotonina em um primeiro momento, levando ao humor estável, trazendo explicações a respeito da bipolaridade – ora de um jeito, ora de outro – são os picos que vão ocorrendo e que o nosso organismo, em nível químico, demonstra de forma comportamental o que está acontecendo.

Assim, a mesma coisa tem a serotonina noturnamente. Com a ausência de luz a serotonina se transforma em melatonina, promovendo sono saudável e regulável, em que seja possível regenerar as células do organismo como um todo, culminando na reconstrução celular, pois sabemos que vivemos o tempo todo nesse processo de anabolismo e catabolismo. Anabolismo é a construção, catabolismo é a destruição.

O que realmente é importante é chamar a atenção das pessoas para a questão da alimentação; nutrir-se é realmente uma questão de consciência e escolha. É claro que nós temos os alimentos deliciosos que são os alimentos processados, que avaliados, nutricionalmente, são considerados extremamente pobres, não trazem benefício algum ao organismo, pelo contrário somente malefícios. Esses alimentos ocasionam a inflamação subclínica, os problemas crônicos, as artrites, as artroses, as algias, as cefaleias, as tireoidites, as pancreatites e as doenças crônicas degenerativas.

O organismo irá reagir ao estímulo químico que está recebendo. Saiba qual estímulo você está dando!

Desenvolver a consciência. Alertamos que essa é a quebra de um grande paradigma, em que queremos ter equilíbrio orgânico, saúde integral, qualidade de vida melhorada, mas para isso nós precisamos ter uma alimentação adequada, equilibrada, corrigida nutricionalmente, para que se tenha funcionalidade orgânica bem estabelecida e longeva, e os processos bioquímicos aconteçam naturalmente.

Por isso, o essencial na ortomolecular é nada mais do que a terapia preventiva lançando mão de vitaminas, aminoácidos e minerais com atuação e participação benéficas em nossas cadeias bioquímicas, agindo como cofatores, formadores de enzimas, proteínas, hormônios, garantindo a homeostasia bioquímica do corpo.

Isso é fato. A ideia pré-estabelecida que até hoje se considera é a do tratamento após o aparecimento dos sintomas. E é neste ponto então, que nós entramos com um novo olhar, quebrando o paradigma, e dizendo: Você já pode corrigir as alterações que seu corpo for sinalizando através da introdução dos nutrientes adequados, promovendo reequilíbrio da funcionalidade orgânica, reequilíbrio da fisiologia química, da bioquímica molecular, proporcionando saúde orgânica integralizada.

Imaginemos, por exemplo, as crianças com déficit de atenção ou hiperatividade. Há estudos dizendo que as gorduras poli-insaturadas, os ÔMEGAS 03, (CLAS) assim denominados, melhoram muito a cognitividade, tranquilizam a parte cerebral e promovem outro movimento de equilíbrio do organismo. Não é uma indução química, não é uma sedação, não é alguma coisa momentânea, pelo contrário, eles vão levando à normalidade da função, levando os processos químicos e bioquímicos do organismo ao seu devido equilíbrio. Vão estruturando internamente o indivíduo.

3 – Inflamação subclínica – FOGUEIRA INTERNA

Sabe-se que hoje estamos vivendo uma epidemia de inflamação subclínica, inflamação essa de origem alimentar. Por quê? Porque há os alimentos que são inflamatórios, com atuação a inflamar o corpo e os alimentos anti-inflamatórios, que atenuam ou neutralizam os efeitos nocivos da inflamação.

Inflamação subclínica, ou um grande incêndio interno. Temos os alimentos que favorecem esse incêndio, que são os alimentos inflamatórios, que nós carinhosamente chamamos de alimentos "cafajestes", incendiários e temos os alimentos que são anti-inflamatórios, alimentos "bombeiros", aqueles bonzinhos, que confabulam para o bem, que se preocupam com as questões de cunho geral, como fornecer nutrientes adequados para a funcionalidade de todos os órgãos, apagar os incêndios e promover o "bem-estar geral".

Enquanto que, os alimentos inflamatórios, realmente entram e inflamam, mediam as reações inflamatórias do nosso organismo em termos bioquímicos, promovem a liberação das prostaglandinas, que são citocinas inflamatórias da nossa cadeia bioquímica e, consequentemente, surge a inflamação. Essa inflamação vai acontecendo de uma forma generalizada, internamente falando. Muda-se o olhar clássico da inflamação ortodoxa, que é dor, rubor e calor no local. Não é uma coisa visível, o processo passa-se internamente sobre os órgãos.

Cefaleias, artrites, problemas de tireoidite, principalmente a tireoidite de Hashimoto, que vêm como um processo autoimune, elas podem ter como agente causal a inflamação subclínica.

Por que nós trabalhamos dessa forma? Nós sabemos que nosso sistema imunológico, bioquimicamente falando, dentro da fisiologia humana, tem como finalidade nos defender, é o nosso exército interno, que nos defende contra os invasores, contra os agressores externos: bactérias, vírus, alergênicos, enfim, tudo que é estranho à funcionalidade do nosso sistema. Mas o que acontece? Quando nós estamos nos alimentando de forma equivocada, utilizando os alimentos incendiários, muitas vezes, o nosso sistema imunológico os reconhece, claro, na condição de invasores. Há a liberação de uma série de mediadores químicos, que vão fazer com que esse alimento, reconhecido como um invasor, seja destruído, seja eliminado pelos anticorpos. Ao longo do tempo, pela estimulação constante nosso sistema de defesa, esse nosso exército vai ficando cansado. Por quê? Porque ele é requisitado o tempo todo para o combate, sem descanso, sem férias.

Fica instituído que ele trabalhe em período integral, sem direito a descanso. Dessa forma, o sistema irá apresentar modificações, e começar a se desgastar não cumprindo mais sua finalidade primária que seria a defesa contra agentes patógenos.

Vejamos como é importante essa questão alimentar.

Nessa oportunidade, pensemos acerca da questão do colesterol que acaba sendo o bandido da história, mas na verdade não o é. O bandido de toda essa história é a inflamação subclínica, originada dos alimentos alergênicos, dos alimentos que têm o índice inflamatório denominado de IF. Então, imaginemos a adoção de uma dieta inflamatória, alimentos com esse percentual inflamatório, causando uma inflamação subclínica generalizada silenciosa, conjugada a um "estresse" básico.

Nesse caso, quem paga a conta, se a pessoa vier a desenvolver algum distúrbio cardiovascular é o colesterol, gordura boa, mas com alimentos que incendeiam, ela se torna perigosa!

Então, a questão que geralmente gostamos de propor: a gasolina é inflamável? Sim, ela é inflamável, mas diante do fogo. É a mesma coisa com o colesterol, se eu não tiver uma inflamação no meu organismo o colesterol não é danoso. A partir do momento que eu tenho uma inflamação no meu sistema, eu acabo desenvolvendo um processo de risco cardiovascular.

Além disso, sabe-se que existem os alimentos "docinhos", que assim nós chamamos, é a "mocinha", a "princesinha" da história, que são os alimentos que têm um alto índice glicêmico. Atualmente as pessoas confundem-se, pensam logo na questão dos açúcares: "Ah, é o açúcar branco que tem o alto índice glicêmico". Mas, não é só ele. Existem muitas frutas que têm alto índice glicêmico (IG alto); existem muitos legumes que têm o índice glicêmico elevado.

O índice glicêmico está relacionado ao nível de açúcar no sangue. O índice glicêmico é um diferencial nos carboidratos. Os carboidratos entram na corrente sanguínea em diferentes velocidades.

Quanto mais rápida a entrada do carboidrato na corrente sanguínea mais insulina será liberada pelo pâncreas para equilibrar os níveis de açúcar do sangue. Os alimentos de baixo valor glicêmico são aqueles que não afetam muito a resposta de insulina no sangue, já os de alto valor glicêmico são os que alteram muito a insulina no sangue.

Abaixo colocamos como exemplo uma tabela de índice glicêmico.

Alimentos de alto índice glicêmico (> 85)
Alimentos de moderado índice glicêmico (60-85)
Alimentos de baixo índice glicêmico (< 60)

ALIMENTO	IG	ALIMENTO	IG
Bolos	87	Cuscus	93
Biscoitos	90	Milho	98
Crackers	99	Arroz branco	81
Pão branco	101	Arroz integral	79
Sorvete	84	Arroz parboilizado	68

Leite integral	39	Tapioca	115
Leite desnatado	46	Feijão cozido	69
Iogurte com sacarose	48	Feijão manteiga	44
Iogurte sem sacarose	27	Lentilhas	38
All Bran	60	Ervilhas	68
Corn Flakes	119	Feijão de soja	23
Musli	80	Spaguete	59
Aveia	78	Batata cozida	121
Mingau de aveia	87	Batata frita	107
Trigo cozido	105	Batata doce	77
Farinha de trigo	99	Inhame	73
Maçã	52	Chocolate	84
Suco de maçã	58	Pipoca	79
Damasco seco	44	Amendoim	21
Banana	83	Sopa de feijão	84
Kiwi	75	Sopa de tomate	54
Manga	80	Mel	104
Laranja	62	Frutose	32
Suco de laranja	74	Glicose	138
Pêssego enlatado	67	Sacarose	87
Pêra	54	Lactose	65

Ao ingerirmos determinados alimentos, por exemplo: uma beterraba é de comum acordo que a mesma possui o índice glicêmico alto, a cenoura também o tem. Algumas frutas tal qual a uva possui alto índice glicêmico. A utilização com parcimônia, e bom-senso, destes alimentos, faz com que você colabore com o seu metabolismo dos açucares e diminua a liberação de citocinas inflamatórias. Caso haja a ingestão de substâncias com índice glicêmico e inflamatório elevado o metabolismo sofrerá alguns processos tais quais:

Qual é a consequência disso? Processo chamado de glicação, oxidação e, envelhecimento das fibras de elastina e colágeno do nosso organismo, endurecimento... Vamos imaginar quando caramelizamos o açúcar a fim de fazermos a calda dos famosos pudins, pudim de leite, enfim, é o mesmo processo que ocorre com o açúcar.

O açúcar promove esse tipo de caramelização das nossas proteínas, (GLICAÇÃO) dos nossos colágenos e das nossas elastinas, promovendo o enfraquecimento, o envelhecimento não somente externo, mas também o envelhecimento interno dos órgãos, da funcionalidade interna. O foco de atenção justamente é utilizar uma dieta que não seja inflamatória, uma dieta que conduza alimentos nutricionalmente corretos, dentro do perfil de índice glicêmico, índice inflamatório, e teor de biodisponibilidade do nutriente.

Por exemplo, eu tenho a banana. A fruta banana é um multiminerálico, com riqueza de potássio, cálcio, e magnésio. Porém, o que acontece... Ela é um dos alimentos considerados com alto índice inflamatório, inflama o organismo. A pergunta é: como eu vou conseguir utilizar um alimento que tem nutrientes adequados para a metabolização orgânica, para minha bioquímica interna, mas, concomitantemente, que traz um potencial inflamatório para o meu organismo? Vamos um pouco além: as pessoas que têm a tipagem do grupo A, são pessoas que já têm determinada intolerância, que o sistema imunológico reconhece como um agente agressor a essa fruta chamada banana.

Nessa linha de raciocínio, uma série de patologias começam a ser mais bem entendidas, pois se trata de uma epidemia de uma inflamação subclínica.

Como identificar a quais alimentos somos potencialmente alérgicos?

Por meio dos testes de biorressonância. O que seria isso? São os testes elaborados através de microcorrentes elétricas que caminham pelo nosso corpo carregando as informações frequenciais dos alimentos com potencial de maior alergenicidade. E o nosso organismo, por ressonância eletromagnética, acaba por encontrar a onda correspondente. Quando encontra essa onda correspondente, ele devolve uma resposta, biologicamente falando, em termos eletrônicos, de potencial alergênico.

Dessa maneira, uma substância causa certo potencial alergênico e outra não, ou seja, uma substância faz com que meu exército interno, meus soldados internos, chamado sistema imunológico, interajam, diagnostiquem e vão à linha de combate para tentar eliminar esse alimento que naquele momento acaba sendo um agressor, um antígeno. E nesse momento surgem as reações imunológicas tradicionais, biologicamente falando, e reação antígeno e anticorpo.

E com isso, os nossos intestinos também se prejudicam, porque processos inflamatórios prejudicam nossa flora intestinal. Eles depreciam a cepa de bactérias pré-bióticas, bactérias boas que nós temos no organismo, que nos auxiliam na absorção de nutrientes, na metabolização de vitaminas, na eliminação de toxinas, e também na proteção das nossas vilosidades, das nossas mucosas intestinais.

Então acaba por quê? Pelo processo inflamatório. Essas bactérias acabam por perder a sua atividade biológica, e nós ficamos desprotegidos.

Caminhamos também para o movimento da síndrome metabólita. Com esse trabalho de forma equivocada, não orientado, nós podemos sim desviar o nosso metabolismo bioquímico. A sua bioquímica poderá ser biotransformada e escolher novos mecanismos, novas cascatas químicas, de novas reações, ocasionando como resultado, as doenças cardiovasculares, o aumento da circunferência abdominal, da gordura visceral, e outros problemas futuros correlacionados à questão da obesidade e da síndrome metabólica.

Já se sabe que grande parte da população vive na faixa da obesidade. Com esse aspecto, ser obeso, por quê? Porque os alimentos que são inflamatórios desenvolvem o sistema imunológico de forma errônea, as cadeias bioquímicas são biotransformadas, são desviadas... Consequentemente, tem-se o aumento da gordura visceral. Tendo o aumento da gordura visceral, ocorre que, hoje nós já sabemos, que esse tecido visceral, essa gordura que é acumulada, esses adipócitos, eles já são considerados tecido glandular. Isso mesmo, até um tempo atrás, ele não tinha uma funcionalidade, agora ele passou a ser considerado tecido endócrino, e como tal possuidor de propriedades secretoras hormonais.

"Quanto mais se come mais se quer comer". É isso ou você ainda não sabia? Ningúem te contou...

Quanto mais se usa açúcar, mais o organismo solicita açúcar, o circuito vicioso instalou-se, a pessoa começa a vivenciar o caos bioquímico do desejo descompensado e da compulsão exacerbada, tudo isso de forma químico-dependente. Por mais que a pessoa não queira que o fato ocorra, ele ocorre! Os receptores celulares estão viciados, isso mesmo, eles estão viciados... E assim, sucessivamente, o indivíduo caminha para a doença propriamente dita, a patologia chamada obesidade.

Lembre-se que há os alimentos inflamatórios e anti-inflamatórios, os alimentos com os quais nós brincamos denominando-os "incendiários"; e os antiflamatórios os "bombeiros", a escolha sempre será sua e a consequência dessa escolha poderá resultar em saúde + saudável.

4 – Nutrição Transpessoal – DO FÍSICO AO EMOCIONAL

Podemos nos nutrir de várias formas: os nutrientes emocionais são aqueles que nós precisamos para nos desenvolver emocionalmente; os nutrientes energéticos são aqueles que vão fazer parte do nosso corpo vibracional, da nossa bioenergia; e os nutrientes espirituais, ou seja, que movimentam o que realmente necessitamos, em nível espiritual, para que nos sintamos saudáveis, e nossa fisiologia espiritual, energética-bioquímica possa caminhar em excelente estado de preservação.

Seria muito curioso você raciocinar conosco e compreender que há pessoas chamadas de "vitaminas do bem". Pessoas essas que nos fortalecem emocionalmente e energeticamente com palavras de amor, incentivo, estímulo e elogio com as quais nos sentimos vitalizados, satisfeitos e nutridos...

Você já se sentiu nutrido intelectualmente ao ler um bom livro, assistir a uma peça de teatro, a uma palestra informativa? Lembre-se da sensação de preenchimento que seu ser vivenciou. Pois bem, como estamos a lhe dizer, a nutrição acontece em vários e vários níveis, oxalá permita que tenhamos olhos de ver.

O mesmo conceito carencial se dá, e você provavelmente já vivenciou algo deste teor. Sentir-se carente, desnutrido de amor, afeto, atenção, com sensações ansiosas, desvalorizado intelectualmente. Repentinamente você faz amizade com "vitaminas do mal", seu sistema trabalha objetivando nutrir-se, só que infelizmente de emoções deletérias, energias depressivas e de baixo valor vibracional e tudo isso acompanhado daquelas guloseimas adocicadas para mascarar a desnutrição vivenciada. "Oh compulsão ansiosa"!

Com relação à parte física, parecem ser conceitos próximos, mas são conceitos bastante diferenciados. O que nós entendemos?

Nós sabemos nos alimentar, sabemos que devemos, temos e podemos nos alimentar, o difícil é nutrir-nos adequadamente, de forma correta, de forma coerente, que garanta realmente uma bioquímica estável, uma bioquímica hígida e não uma bioquímica descompensada, que gere desvios metabólicos.

Nós, em decorrência de alimentações equivocadas, temos o potencial de mudar o nosso destino bioquímico-biológico. Você sabia nisso? Então, acompanhe. Você começa a comer errado e come erradamente por vários e vários anos, desenvolvendo determinado metabolismo peculiar àquele alimento.

Ao longo dos anos você passa a ter um metabolismo viciado daquela forma, que não é o metabolismo original, não é o seu metabolismo raiz, e sim o metabolismo que você desenvolveu. Vamos dizer: Você somatizou um metabolismo diferenciado em decorrência de tudo aquilo que você colocou em sua alimentação.

Então, podemos entender o seguinte: nós temos a alimentação fisiológica, aquela alimentação que o nosso organismo necessita, para que ele mantenha a homeostasia (equilíbrio), para que mantenha todas as funções acontecendo simultaneamente, ou seja, o seu coração batendo, o seu pulmão respirando, o seu sistema nervoso funcionando, e todas as funções orgânicas e metabólicas acontecendo simultaneamente.

Não há contato com isso, e nem sequer sabemos que isso está acontecendo ininterruptamente conosco. Tudo isso acontece em decorrência de uma alimentação fisiológica, dos nutrientes e constituintes adequados.

Já nos vícios de alimentação temos, muitas vezes, os vícios familiares que consomem determinados alimentos porque o grupo familiar consome aquilo. A pessoa não conhece outras oportunidades, não conhece outros nutrientes, não se dá conta que há novas possibilidades de ter uma alimentação diferenciada. É o famoso hábito alimentar oriundo do conceito familiar. Por exemplo, os italianos adoram comer massas, carboidratos. Então, se o indivíduo é de uma família de descendência italiana tem mais probabilidade em consumir carboidratos simples. Se o indivíduo é de uma família de origem oriental, não se consome tanto carboidrato, consomem-se mais peixes e frutos do mar.

Alimentação de origem familiar acontece através de um movimento tradicional de família, portanto, o metabolismo vai reagir de acordo com os costumes e de acordo com a raça.

Outro vício é o da alimentação social: "vamos nos encontrar no fim da tarde em tal lugar, assim a gente come alguma coisa e conversa". As reuniões normalmente são marcadas em restaurantes, em horas de almoço, em horas de jantar.

A pessoa acaba consumindo determinadas coisas, primeiramente, porque está na moda; segundo, porque está levando alguém para almoçar, alguém para jantar, e acaba consumindo determinadas coisas que aquela pessoa está habituada a consumir, ou vai àquele determinado restaurante que serve somente aquilo, e a pessoa se habitua ao "de sempre".

Além disso, temos o tipo de alimentação de faixa etária, o famoso *modismo*. Para os adolescentes a alimentação está: nas casas de lanches, nas batatas fritas, e nos refrigerantes.

Já em outra faixa etária, na fase adulta, embora saibamos que haja muitos adultos com olhar infantil, o olhar da criança interior, quando vão escolher determinados alimentos. Mas, acabam por comer coisas mais saudáveis, coisas que tragam valor nutricional, qualidade nutricional adequada para o metabolismo em si. Há a outra faixa etária, a da melhor idade, em que realmente, determinados alimentos que eram consumidos há alguns anos, são descartados, porque se mudou o hábito, porque o organismo se modificou, o metabolismo se modificou em decorrência, muitas vezes, da redução enzimática, da redução de alguns metabólitos.

Há também as alimentações tradicionais, aquilo que acaba por ser tradicional como: o leite com café, pão e manteiga. Hábitos arraigados de difícil mudança.

Outra coisa de cunho tradicional é: domingo é dia de missa e dia de macarrão da "mama". Normalmente, nos restaurantes, a maior oferta que se tem no final de semana, principalmente aos domingos, é a questão das massas.

Nessa questão "nutrição", é a nutrição de forma equilibrada, equacionada, coerente em primeiro lugar... À estrutura física, ao fator genético, ao fator etário, ao perfil alergênico daquela pessoa, há todo um metabolismo adaptativo, e também as atividades que essa pessoa desenvolve no decorrer do dia, suas tarefas. Tudo isso tem de ser levado em consideração.

Nós sabemos que, infelizmente, nutricionalmente falando, os nossos alimentos são extremamente pobres. Não há muitos nutrientes. Por quê? O solo é pobre, não são colocados os minerais, aminoácidos necessários para o bom desenvolvimento do vegetal, ou do tubérculo ou da raiz.

Além disso, os pesticidas que são colocados ocasionam diversos distúrbios bioquímicos, como intoxicação por metais pesados, que atuam como competidores (agonistas) de substâncias saudáveis em nível cerebral – Interrompem o metabolismo neuronal e neurológico fisiologicamente saudável.

Metais pesados são substâncias altamente reativas e bioacumulativas, que podem estar presentes em nossa alimentação tais quais: peixes e frutos do mar contaminados por metais pesados (Hg), refinamento de substância como açúcares, farinhas e derivados. Presença de pesticidas e organofosforados utilizados no plantio de hortaliças, daí a ideia crescente de alimentos orgânicos isentos de metais pesados e nutricionalmente equilibrados.

Vejam só! Passeamos pelo caminho da nutrição transpessoal que agora você já conhece... Caminhe conosco!

5-Nutrição Ortomolecular – FÓRMULA EQUACIONADA

Como você faz para se nutrir adequadamente, já que os alimentos são pobres nutricionalmente falando, não possuem as quantidades adequadas de nutrientes, são carregados de pesticidas, organofosforados e agrotóxicos? Como é que você conseguirá essa proeza de se alimentar?

Em primeiro lugar, o que seria nutricionalmente correto? Nós sabemos e entendemos que devemos ter em nossa alimentação: carboidratos, proteínas, gorduras, fibras solúveis, fibras insolúveis; cada qual desempenhando determinado papel específico. Por exemplo, nós precisamos dos carboidratos, porque os carboidratos são uma fonte de energia rápida, que entra no famoso metabolismo do ciclo de Krebs transformando-se em molécula de glicose, a qual as nossas células são suscetíveis e altamente estimuláveis positivamente. E essa energia vem de onde? Ela vem do fator alimentar. Mas de onde, precisamente? Ela vem do ATP e das glicoses que são formadas no nosso metabolismo. Por isso que o nutriente presente no alimento é de suma importância, para a geração dessas cadeias bioquímicas corretas, em quantidade suficiente e qualidade adequada à mitocôndria, para que a célula possa desempenhar suas tarefas.

Assim, a função dos carboidratos é uma fonte rápida de energia.

A função das proteínas: as proteínas são nossos "tijolos", organicamente falando. Essas proteínas são compostas por cadeias de aminoácidos, e esses aminoácidos, quando ingeridos (as proteínas), acabam por se hidrolisarem, elas se quebram, e vão formar novas proteínas. São as proteínas de construção, as proteínas de reconstrução, as proteínas metabólicas, as proteínas de cicatrização, as proteínas enzimáticas, enfim, todas as funções que as nossas proteínas vão exercer em nosso organismo.

As gorduras: são literalmente necessárias para o nosso metabolismo. Existem muitos hormônios que são derivados de gordura, gorduras boas, como por exemplo, os hormônios esteroides sexuais.

Além disso, essas gorduras são necessárias à saúde do tubo gastrointestinal, à saúde de nossas células nervosas e à saúde de nossos neurônios.

Ao observássemos a constituição dos neurônios iríamos notar que os mesmos são formados por membranas fosfolipídicas, ou seja, nossos neurônios têm nas suas bainhas de mielina, constituições de fosfolipídios, por isso que os lipídios são importantes, pois se você não ingerir as gorduras adequadas na sua alimentação, automaticamente os seus neurônios não irão receber os nutrientes adequados para formatar essas barreiras fosfolipídicas. Isso não acontecendo, os neurônios ficam enfraquecidos funcionalmente falando, suas sinapses ficam lentificadas e diminuídas, promovendo queda em suas funções tais quais: a memória fica dificultosa, algumas atividades cerebrais que antes eram desenvolvidas com agilidade acabam por não se desenvolver a contento, o pensamento pode ficar mais lento.

Enfim, para uma série de reações químicas em nosso organismo, verifica-se a necessidade e a importância de termos aporte a gorduras (lipídeos) em nosso organismo, de uma forma inteligente. Quando nós nos referimos à gordura, as pessoas logo se transportam à questão das gorduras como um todo. Pelo contrário, existe uma diferenciação entre gordura saturada e gordura insaturada ou poli-insaturada.

As gorduras saturadas são aquelas gorduras de origem animal, gorduras essas que quando adentram ao nosso organismo, como o próprio nome diz, são saturadas, ou seja, não permitem se ligarem a nada, não permitem formar compostos positivos, prejudicando o metabolismo lipídico do corpo formando em longo prazo, com ingestão de repetição, as nossas plaquinhas de ateroma, que são placas de gordura que se instalam nos vasos sanguíneos, abaulando-os, comprometendo a sua elasticidade, endurecendo seus movimentos e futuramente dificultando a passagem sanguínea pela diminuição do calibre sanguíneo.

O organismo, inteligentemente, em sua complexidade tenta compensar a chegada dificultosa de sangue e oxigênio aos tecidos e órgãos e lança mão de um impulso sanguíneo maior, consequentemente, temos o processo de hipertensão. "A força aumenta para que os suprimentos cheguem aos destinos, porém as estradas estão congestionadas".

Temos as gorduras boas, as gorduras poli-insaturadas. Como o próprio nome diz, são gorduras que possuem amplas, duplas ligações, ou seja, essas ligações covalentes, assim denominadas dentro da eletroquímica, são passíveis de se ligarem a outras substâncias, formando novos compostos, estabilizando reações, auxiliando como cofatores enzimáticos. Enfim, fazendo todo um trabalho bioquímico equilibrado.

E, além disso, nós temos também a composição dos minerais e dos aminoácidos, que deverão existir na nossa alimentação. Qual é a finalidade então? Os minerais. Vários minerais participam de várias reações enzimáticas. Várias enzimas do nosso metabolismo sejam enzimas pancreáticas, enzimas biliares, sejam enzimas digestivas ou enzimas cerebrais, todas essas enzimas, que passam pelos procedimentos de catabólise, que é de destruição, ou anabólise, que é o processo de construção, essas enzimas necessitam de minerais, aminoácidos e algumas vitaminas para se formarem de forma adequada.

Por isso, vemos ao longo do tempo, tantas pessoas com tantos distúrbios físicos, enzimáticos, o órgão diminui a funcionalidade, aquele órgão não se adapta mais àquela função, perda da adaptabilidade... Por quê? Por causa do déficit, muitas vezes, de vitaminas e minerais, que acabam por não formar de forma equilibrada e adequada as enzimas. Todas as funções que dependem que são fatores dependentes dessas enzimas, acabam por ficar prejudicadas. Por exemplo, nossas enzimas digestivas. Nós sabemos que com o decorrer do tempo, pode aparecer hipo ou acloridria gástrica, isto é, diminuição ou falta de ácido, por falta de determinados nutrientes não corrigidos na questão nutricional, que se apresenta na dificuldade em formar o ácido clorídrico, que é o responsável pela digestão dos nutrientes e dos alimentos que são ingeridos na nossa alimentação.

A pessoa poderá ter problemas digestivos. E o popular diz: "Ah, é por causa da idade." Não, não é por causa da idade. Nós sabemos que, com o decorrer do tempo, as funções vão ficando enfraquecidas, mas as funções são as funções, elas deverão acontecer, já que nós temos um modelo organizador biológico, uma programação biológica extremamente inteligente, reconstrutora e fidedigna ao seu propósito, que é manter a VIDA.

Repondo, por exemplo, o cobre, a pancreatina, e alguns sais biliares de forma adequada o indivíduo poderá ter sua digestão novamente equilibrada.

A digestão equilibrada trará melhor absorção de nutrientes para que o organismo desenvolva suas funções.

Por exemplo: nós sabemos que o grande precursor, o grande formatador, a ponte da serotonina é o L-triptofano. Então, o L-triptofano é um aminoácido que, juntamente com a vitamina B6 e a vitamina B3, formam a nossa serotonina, que acontece em nível intestinal (80%) e 18% será fabricada em nível cerebral, e o restante, nos biotransformadores sistêmicos pelo corpo.

Pessoas com quadros depressivos, por falta desse neurotransmissor, conseguem corrigir muitas vezes a fabricação de serotonina com nutrição adequada, equilibrada. A mesma coisa acontece com a dopamina. A dopamina que é o nosso hormônio da satisfação, do bem-estar, do sentir-se bem, enquanto a serotonina é o hormônio da alegria, da euforia. A dopamina apresenta como precursor a fenilalanina-L, a tirosina-L, que juntamente com a vitamina B2 auxiliam na formação dessa substância.

Patologicamente, nós sabemos que a falta dessa substância traz momentos depressivos, momentos de insatisfação, e também aqueles movimentos de tremor, a tal da doença de Parkinson...

Quando há uma correção nutricional adequada, uma suplementação adequada há a fabricação dos neurotransmissores, e havendo a fabricação dos neurotransmissores, há uma neuromodulação adequada, resultando em comportamentos equilibrados, diminuição de quadros de bipolaridade e hiperatividade.

Há várias teorias mostrando que alimentos podem ser geradores de comportamentos que se confundem com distúrbios psiquiátricos, com distúrbios emocionais que poderiam ser facilmente corrigidos pela ingestão adequada de nutrientes.

Dicas do autor

Dicas de alimentação diária:

No desjejum: prefira as frutas e suco de frutas naturais. Você poderá também ter fonte de proteínas com ovos cozidos ou mexidos. Evite ovos fritos. Faça uma salada de frutas variadas e poderá também acrescentar pães integrais sem glúten.

Lanche da manhã: frutas e castanhas

Almoço: metade do prato de saladas e vegetais, ¼ de carboidratos integrais, por exemplo, arroz integral com feijão de acordo com seu tipo sanguíneo, e ¼ com alguma proteína magra, carne de vaca, de frango ou peixe e também poderá ser carne de soja.

Lanche da tarde: frutas e amêndoas

Jantar: sopa de legumes, ou semelhante ao almoço.

Alimentar-se de forma consciente, certamente levará você a se transformar em alguém com saúde + saudável.

Referência Bibliográfica

ABRAMS, J.; ZWEIG, Connie. *Ao Encontro da Sombra.*

ALMEIDA, L. B.; MARINH,C.B.; SOUZA,C. et al. *Disbiose intestinal.* Soc. Bras. Nutri. Clin., 2009.

CINTRA, P.; RAMOS, A. *Síndrome serotoninérgica. Manifestações clínicas, diagnóstico,terapêutica. Psilogos.*

DETHLEFSEN, Thorwald; Rudiger DAHLKE, *A doença como caminho.*

GAITAN, E.Goitrogens. *In food and water. Annual Review of Nutrtion*, 1990.

HILLMAN, James. *O Código do Ser*. Disponível em: www.alcoolicosanonimos.org.br

KARDEC, Allan. *O livro dos espíritos*. Disponível em: http://www.youtube.com/
www.cancerfungus.com.br
www.longevidadesaudavel.com.br.

LIPTON, Bruce. *Biologia da Crença*

MOALEM, Sharon. *A Sobrevivência dos Mais Doentes: um Estudo Radical das Doenças como Fator de Sobrevivência*. Disponível em: http://www.nutricaoemfoco.com http://boasaude.uol.com.br

MOLINA, PATRÍCIA. E, *Fisiologia endócrina*. 2ª edição.

PAGOTO, S. L.; SPRING, B.; McCHARGUE, D. et al. *Acute tryptophan depletion and sweet food consuption by overweight adults. Eating behaviors.*

ROSE,STEVEN. *O cérebro do século XXI*. Editora Globo.

ROSSI,L.;CASTRO,I.A.; TIRAPEGUI,J. *Suplementação com aminoácidos de cadeia ramificada e alteração de concentração de serotonina cerebral*. Nutrire. Soc. Bras. Alim. Nutr., 2003.

SANANES, Luis. *Alimentação fisiológica*, 2009.

SCHMUTZLER, C.; MENTRUP, B.; SCHOMBURG, L.et al. *Selenoproteins of the thyroid gland; expression, localization and possible function of glutathione peroxidase3. Biological Chemistry.*

SUZUKI, V. S. M.; NUNES, T. M.; RODRIGUES, R. C. et al. *Síndrome serotoninérgica*. 2007.

VOET, DONALD.; VOET,JUDITH. G.; RATT, CHARLOTTE, W. *Fundamentos de Bioquímica*. Artemed.

O Médico Jesus

José Carlos De Lucca

Ao ter este livro o leitor se sentirá como alguém que está prestes a se consultar com o médico mais habilidoso de todos os tempos. O leitor encontrará neste singelo livro o caminho para a libertação de suas dores e a verdade sobre suas doenças.

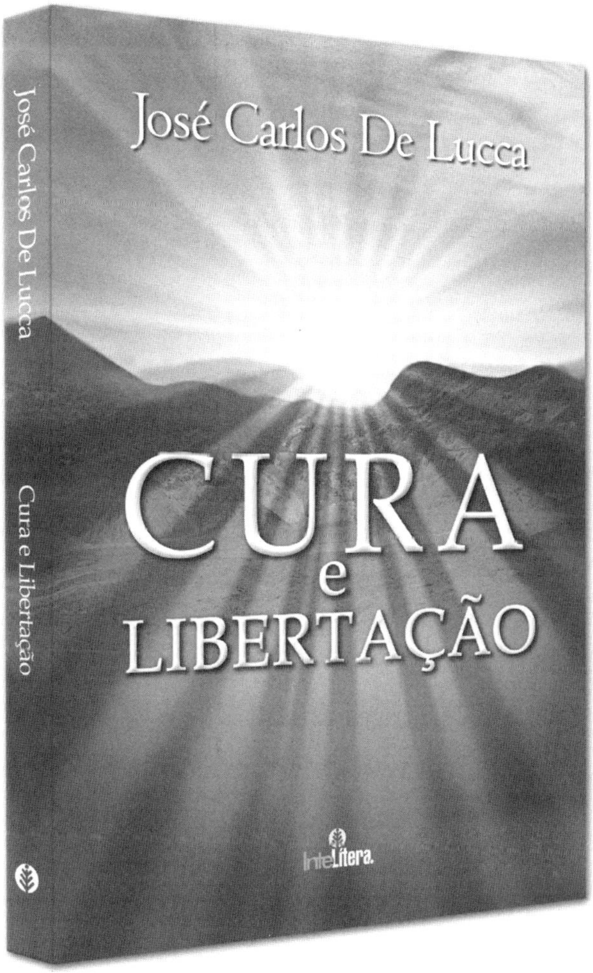

Cura e Libertação

José Carlos De Lucca

Neste livro, o leitor encontrará palavras que curam a nossa maneira de lidar com os problemas e que nos libertam do círculo vicioso do sofrimento.

INFORMAÇÕES SOBRE OS PRÓXIMOS LANÇAMENTOS

Para receber informações sobre os lançamentos da INTELÍTERA EDITORA, basta cadastrar-se diretamente no site

www.intelitera.com.br.

Para saber mais sobre nossos títulos e autores, bem como enviar seus comentários sobre este livro, visite o nosso site

www.intelitera.com.br

ou mande um e-mail para

atendimento@intelitera.com.br

Este livro foi impresso na
LIS GRÁFICA E EDITORA LTDA.
Rua Felício Antônio Alves, 370 – Bonsucesso
CEP 07175-450 – Guarulhos – SP
Fone: (11) 3382-0777 – Fax: (11) 3382-0778
lisgrafica@lisgrafica.com.br – www.lisgrafica.com.br